华夏智库·新管理丛书

U0681347

企业项目操盘手

——企业运作七大法则

甘 力◎著

经济管理出版社
ECONOMY & MANAGEMENT PUBLISHING HOUSE

图书在版编目（CIP）数据

企业项目操盘手：企业运作七大法则/甘力著.—北京：经济管理出版社，2016.6
ISBN 978 - 7 - 5096 - 4330 - 3

Ⅰ.①企… Ⅱ.①甘… Ⅲ.①企业管理 Ⅳ.①F270

中国版本图书馆 CIP 数据核字（2016）第 068774 号

组稿编辑：张　艳
责任编辑：杨国强　张瑞军
责任印制：黄章平
责任校对：雨　千

出版发行：经济管理出版社
　　　　　（北京市海淀区北蜂窝 8 号中雅大厦 A 座 11 层　100038）
网　　址：www. E - mp. com. cn
电　　话：（010）51915602
印　　刷：北京晨旭印刷厂
经　　销：新华书店
开　　本：720mm×1000mm/16
印　　张：13. 75
字　　数：197 千字
版　　次：2016 年 6 月第 1 版　2016 年 6 月第 1 次印刷
书　　号：ISBN 978 - 7 - 5096 - 4330 - 3
定　　价：39. 00 元

序

献给我们的青春

本书很早以前就已经开始酝酿。只是在经历这几年起起落落后，文章的核心意义发生了很大的改变。

在写作之初，我原本的意愿是想写一部意图很宏大、可以终结很多经管类书籍的论述。但这原本宏大的意图，直到我行文时才发现，这并非是我所能承受得起的，顶多也只能算是我这几年经验所得。

在这些年里，我以品牌策划人的身份，已经涉足健身房、酒吧、教育、展览、移动互联网、管理培训、奶茶店、装修装饰、通信配件、移动办公硬件、香水业、化妆品、门锁、智能穿戴、投影仪等多个行业和领域。成绩虽建树不多，但也算颇有一些心得。

在工作的过程中，我曾经以为我所服务过的企业以及一些存在类似问题的老板，已经知道如何操作这个项目了，也应该知道如何具体执行第一步、第二步、第三步了。但让我意想不到的是，依然有一些朋友拿不出满意的结果，甚至就差直接给客户钱了。是我低估了人的惰性，同时也低估了企业职场上的办公室政治，原本一些理所当然的细节被扭曲、被拖延。因此，这导致了原本一些可以做得更好的项目，却做得远远低于我的预期。

生意场上，浮夸太多。这不仅害己，也害他人。这不仅是我自己所铭记在心的箴言，同时也是每一位在生意场上、在企业界叱咤风云的大企业家、大佬们所应时刻铭记并引以为戒的箴言。这些认识不仅源于早年，我对自己的事业规划急于求成，也源于私人感情不稳定，导致破产危机，回想起这些，我依然深深感到疲惫。当我写下此书的时候，我的心情不知道是豁达居多，还是无奈与不甘居多。

创业已经快三年，最终还是以这样的形式走向一个短暂的小结。我偏爱张爱玲的"出名要趁早"的想法，也认同王小波的"成功是一种水到渠成"的观念。但在人生的路上，我还是选择了这条更为孤独的路程。在这个过程中，我想，并非原子弹的威力不够大，而在于承载原子弹的火箭已经没有了充足的火药。最终，这一次旅途，只能以沉默来做结。

我从来都是一个战略性布局的人，也在按照自己的预期完成着布局。如果说，王守仁利用三年的时间实现了自己从稚嫩的青年到天纵之才的华丽转身，那么，在这三年的时间里，我则系统性构建了自己的思想体系与商业认知体系。无论是对人性的认识，还是对社会的认识，我都了解得非常通透，甚至还有点老于世故……

所有的风险，我们都已经预知和对冲。可是，在这一条孤独的路上，发生了太多的事情，每每想起，都不禁黯然落泪。在这里，我谨以此书，献给那些年轻有梦想的人，在这条孤独的路上，希望你们能走得更好！

甘力

2016 年春

前　言

今天，各行各业的企业越来越多，为了生存，大家都在积极寻求办法，都想成功地将企业运作起来。可是，虽然读了很多书，看了很多资料，甚至还参加了一些管理级的培训，但收获寥寥。

每天，都有很多新公司成立；每天，也会有很多公司倒闭。这些倒闭的公司之所以未走完自己的发展之路，其中一个重要的原因就是，不懂企业系统化运作，不懂品牌与营销。

企业的系统化运作是一门学问，不是只要公司成立就可以产生利润。不正确的战略、品牌营销、销售、企业文化建设、资本运作，只会在企业的发展之路上造成很多的桎梏。只有了解并掌握企业运营的策略和方法，才可以让自己的企业成功运作起来。为了给企业以帮助，我特意编写了这本书。

本书从产业项目、品牌营销、市场业务、企业文化价值、资本运作、企业的风险管理、实际的问题与解决7个方面对企业运营的知识进行了介绍。不仅有对原因的解析，对实例的具体剖析，同时，还给大家介绍了很多有助于企业运营的好方法。仔细阅读，相信一定会对你有所帮助。

书中的内容都是我多年经验的总结，也是我们已经走过的路和将来要走的路。本书的目的是想给同行者以警醒，给未行者以告诫，希望更多的人在自己的事业上走得更从容，更正规，更加具备价值竞争力！

目　录

第1章 产业项目篇

在当今社会中，一切都是项目，一切也将成为项目。

——美国项目管理专业资质认证委员会主席 Paul Grace

1. 我们的职业规划规划了吗

○职业规划从来都需要

写下这一篇章的时候，我估计，很多人都会笑。其实，也包括我。

在韩寒的书里，有很多嘲笑老师的段子，至今我依然记得其中有一处写道：一流人才下了海，二流人才去了政府，三流人才跑来当老师。而专门搞职业规划的老师，估计是从来都没有给自己搞过职业规划。

当年，我因对韩寒异常的喜爱和推崇，便觉得当职业规划的老师和职业规划老师搞职业规划都是比较玄乎的事情，没准还"扯淡"了一点。多年以后，再回过头仔细想想，我却发现，这种想法是错误的！因为逻辑一点都不靠谱。

很多购买此书的人，尤其是年龄比较大的人，我估计心里会有点懵懂，没准儿会来一句"我靠"。花了几十元钱，买了一本书，开头就开始"扯淡"。你说，还能不能好好地看下去?!

其实，职业规划，从一开始就需要!不要因为职业规划老师比较"扯淡"，就忽视了这一块的重要性。如果没有系统化做过，年轻的时候，一定要好好静下心来做研究规划;如果你已经不再年轻了，也从没有做过这样的规划，就更要好好静下心来规划规划。

成年后，生活中的我们都有过各种各样的遭遇，因此不得不主动采取一种生活哲学的态度看待问题。这样，就变相地让很多人选择了一条更为平坦而没有风险的道路。很多人都是这样碌碌无为地生活着、工作着，既没有一点波澜起伏，也没有任何涟漪点点。如果你刚好就是其中一人，难道不觉得这样的人生非常可怕吗?

历史上，有很多大器晚成的人物;如今，还有很多炙手可热的人物。他们是不是值得我们敬佩? 这并非溜须拍马，更多时候是对生命本身的一种尊敬与佩服。

李书福，33 岁创建吉利;马云，35 岁创办阿里巴巴;亨利·福特，40岁创办福特;宗庆后，42 岁创办娃哈哈;任正非，44 岁创办华为;山姆·沃尔顿，44 岁创办沃尔玛;潘伯顿医生，45 岁配制可口可乐;而哈兰·山德士，66 岁才创立肯德基……

时下，中国有一个非常流行的说法:看一个人还有没有起家的可能，就在于35 岁! 35 岁之前还有机会，35 岁以后机会就不多了。人只要过了 35 岁，家庭与事业都已经扛在肩上。上有老、下有小，男人通常都不敢有过多的念想。很多人都在鼓吹生命价值，都在鼓吹事业价值，其实他们并不理解作为一个男人对于妻儿老小的责任担当。也许，我也是这样碌碌无为地应付着，只为保证家人不受担忧，不受牵连的痛苦。可是，其实，这就是一种现实的痛苦与无奈。

有些人从一开始就没有刻苦铭心地感受过爱情，有些人一辈子都没有经历过人生的起起落落……这并非说是不好，只在于生命的意义和其所获得的价值。

职业规划，并非仅仅是象牙塔里学子们的需求，那些甚少规划的人，那些混迹在职场的、商场的人，也需要更多更深入地学习和研究！

曾经，有人专门去调研发现一个非常可怕的事实——3%的人现象。即，社会通用的成功，往往只有3%的人才能完整实现。为什么会是这样?! 因为只有这3%的人，目的性最强，规划性最强。从另外一个层面来说，80%的社会财富被20%的人所支配，也正验证了这一说法。

这一现象与事实告诉我们：规划，真的很重要！

○如何规划职业

上一篇，我用非常搞笑的语言，阐释了一个非常严肃的问题。这篇文章，我打算用非常严肃的语言和方法论来表达3个已经被泛滥化的问题：

第一，你家有钱吗？是否非常有钱？

第二，你身体健康吗？是否非常健康？

第三，你的思想能否得到顺畅表达？应该没有人强行管制吧？

看到这3个问题，你是否觉得特别冷？这种冷，有点像冬天里来自北方的风，一下子让人觉得凉飕飕的。但，我依然要在这里提出这3个问题，因为它们确实是生活摆在我们面前的最大难题。

在我们身边，很多人因为穷，迫于生计，只能干一些自己并不是非常中意的工作；很多人，人到中年时，才能实现真正的自由，为自己而活；很多人，为了实现财务自由，过早地落下病根；很多人都向往自己的生活、生活方式，可是却被父母所不容……说多了，都是泪！

有人说，生活，哪有那么多如意的事情，不完美本身就是生活。这句话有一定道理！只不过，这确是饱经沧桑之人，多年之后才能豁然的哲学。

那么，我们应该如何规划自己的职业？为了回答这个问题，我们不得不重复一些非常老套的剧情。那就是：

我是谁？

我想成为什么样的人？

怎样才能成为想要成为的人？

这大概需要花多长时间？

这里有没有其他因素方面的干扰？

A. 第一步：我是谁

设计职业生涯，首先要回答"我是谁"，进行自我 SWOT（优势/劣势/机遇/挑战）分析。不仅要试着分析自己的性格、能力、爱好、长处、短处、所处环境的优势和劣势，以及一生中可能会碰上的机遇；还要认真思考，在自己的职业生涯中可能会遇到哪些威胁？一定要试着理解并回答自己这个问题：我是谁？

传统的职业观是"做一行，爱一行"，因此很多人爱得很痛苦，明明不喜欢这份工作却必须天天面对，还要体现出"爱岗敬业"的良好职业道德。这种违反人性的传统的职业观不知害了多少人！

数学家陈景润年轻时，被安排在一个中学当老师，成绩很差。想想看，让一头大象去上树，大象能上去吗？如果陈景润还是"做一行，爱一行"地继续在中学教书，我们的国家就会少了一位卓越的数学家！

有位伟人曾经说过，兴趣是最好的老师！做与自己"职业兴趣"吻合度高的工作，会让我们工作得更快乐，也更容易发挥出自己的潜能。如今，所倡导的职业观念是"爱一行，做一行"，只有做自己喜欢做的事情、擅长做的事情、有能力做的事情、有条件做的事情，才能做好，才有可能产生绩效，才是符合人性的职业观念。我们的用人观应当是用人所长、扬长避短，在合适的时机把合适的人放在合适的位置上，这才是人力资源管理所应该做的事情！

人与事的匹配始终是人力资源管理的核心工作内容，从个人层面讲，如何跟自己所从事的职业匹配，也是进行职业生涯设计首先要考虑的问题！

正所谓"男怕入错行，女怕嫁错郎"，这可是关乎你一辈子幸福的人生大事。那么，该如何解决这个问题呢？在这里，我为大家介绍一种职业兴趣（又称职业倾向）测验理论。

霍兰德是美国著名的职业生涯指导专家，他强调：同一类型的人与同一类型的职业互相结合，才能达到适应状态。而人的一生会面临许多职业的选择、工作的选择、职位的选择，甚至具体项目的选择，这些选择能否与其类型相匹配，是影响其成功的重要因素。例如，倾向与"人"共事并且在该方面颇具技巧的人，能在与他人的交往中获得乐趣，并且喜欢人际交往中的领导、劝说、教导或咨询等事务；对"数据"王国颇感兴趣并具备一定才能的人，通常都喜欢与词语和符号表达出来的数字及抽象概念打交道；喜欢实用机器、工具、器械的人，则属于喜欢"事物"的人，他们喜欢在实际的物理环境中解决问题；喜欢"观念"的人，可以从事抽象的、利用想象力的工作。

根据霍兰德的理论，我们就可以得出这样的结论：一个人的职业兴趣会影响职业的适宜度。当他从事的职业与其兴趣相吻合时，就可能发挥出能力，容易做出成就；反之，则可能导致原有才能的浪费，或者必须付出更大的努力才能成功。

B. 第二步：去哪里

了解了"我是谁"后，要回答的问题是：你要"去哪里？"也就是说，你的方向和目标在哪里？制定目标很重要，它决定你的职业规划成功与否！

哈佛大学曾经做过一个长达 25 年的跟踪调查，他们对一群智力、学历、环境等条件都差不多的年轻人做过一个关于目标对人生影响的深入调查，当时的结果显示，3%的人有清晰且长期的目标，10%的人有清晰但短期的目标，60%的人有较模糊的目标，27%的人则无目标。25年后，他们根据当初的调查，对这4类人群再一次进行了调查总结，结果发现这样的情况：3%的人，因为目标坚定，几乎不曾更改过自己的人生目标，始终朝着同一方向努力，最后几乎都成了社会各界的顶尖成功人士；10%的人，大都生活在社会的中上层，他们的短期目标不断被达成，生活状态稳步上升，成为各行各业不可或缺的专业人士，如医生、律师、工程师、高级主管等；60%的人，几乎都生活在社会的中下层，他们能安稳地生活与工作，但没有什么特别的成绩；27%的人，几乎都生活在社会的底层，生活很不如意，常常失业，靠社会救济，常常都在抱怨他人、抱怨社会、抱怨世界……

由此可见，人必须要有长期清晰的目标，利用目标牵引实现个人的发展。所以，我们一定要明白一点：目标在人生中是非常重要的，它往往决定了我们未来成为什么样的人。

那么，我们如何制定个人的目标呢？大家不妨试试以下两种方法：

第一种，开动脑筋，写下10条未来几年及一生认为自己应做的事情。要确切，但不要顾虑哪些是自己做不到的，要给自己头脑充分的空间。

第二种，假设你马上就会离开人世，什么样的荣誉、成绩、地位、金钱、家庭、社会责任状况能让你满足？根据你认定的需求，自己的优势、劣势，可能的机遇勾画自己长期和短期的目标。例如，如果你的需求是想成为知名演说家、有很好的社会地位，则可选的职业道路就会明晰。

C. 第三步：怎么去

在明确了"去哪里"以后，就有了个人的发展方向和目标，有了个人的职业愿景，明白了自己存在的价值，树立了个人的使命感，这时候，你要做的事情是努力实现个人的目标。在职业生涯的各个发展阶段，要在头脑里为自己的目标规定一个时间计划表，即为自己的人生设置一个里程碑。职业生涯规划一旦设定好，它将时时提醒你，已经取得了哪些成绩和你的进展如何。

那么，究竟要"怎么去"呢？

首先，要考虑一下，阻碍你达到目标的缺点和所处环境中的劣势。这些缺点一定是与你的目标有联系的，并不是要对自己所有的缺点进行分析。它们可能是你的人脉关系、性格、素质、知识、经验、能力、创造力、财力，也可能是行为习惯的不足。当你发现自己的不足时，只要下决心改正它，就能不断进步。

其次，制定一个明确的实施计划，明确根据计划你要做什么。

现在，你已经有了一个初步的职业规划方案，如果目前你已经参加工作，那么进一步的提升是非常重要的。要对自己的角色进行分析，反思一下，企业对你的要求和期望是什么？做出哪种贡献可以使你在企业中脱颖而出？要做些相关的、有意义的事情，让企业知道你的存在，认可你的价值和成绩。

成功的人士通常都会不断地对照企业的投入来评估自己的产出价值，并保持自己的贡献在企业的要求之上！

2. 宏观经济的理解

前文，我们粗略地探讨了一些关于职业规划的话题，这部分深度了解一下跟自己看似关联不大的宏观经济。

作为创业者，作为企业负责人，我们一定要对宏观经济进行深度理解。因为这关系到未来几年整个行业与产业的布控，关系到关联行业与非关联行业的运作成本及难易程度，有的甚至关系到民生。

前几年，不少农副产品价格上扬，因此出现了不少类似"蒜你狠"、"豆你玩"、"姜你军"、"糖高宗"等现象。为了应对，不少人还成了"海豚族"（海量囤积一族）。就像一副推倒的多米诺骨牌，除了农产品价格集体上涨外，人们发现，有关吃穿住行的价格都逐渐呈上升趋势，物价因素正影响着每个人的生活。

仔细研究起来，就会发现，出现这种问题的原因主要有以下几个方面：

一是农业基础薄弱。农业结构的不合理或政策不稳健，农业应急能力偏差。

二是相关部门及时应对不力。市场的自由流通使各方面资源得到合理配置，但其盲目性滞后性给群众带来了困扰，相关部门的应对却不给力。

三是确实出现了一定程度的商品紧缺。当然，这其中有很大一部分原因是，炒家利用规则漏洞，炒期货导致。

要解决好这样的问题：第一，要进一步加强农业结构的调整，强化农业的独立性，真正成为基础产业；第二，要进一步强化政府的宏观调控，加强决策的科学、合理和及时性，充分发挥政府作用；第三，要建立健全相关法律法规，严厉打击投机倒把者。相信，通过各方面的努力和完善，在再次遭遇困难的时候，最少能够稳定有序。

上面论述了这么久宏观经济。那么，什么是宏观环境？宏观环境与宏观经济这个无形的大手是如何操控企业的？一般来说，宏观环境分为人口环境、经济环境、政治法律环境、自然生态环境、科学技术环境和社会文化环境六大环境。

○人口环境

人口环境的核心板块是基数、结构、教育程度、地理分布等，这些都会对企业的发展造成重要影响。

A. 基数

人口的基数越大，人流量越多，所以在一二线城市，企业的需求越大，这也是很多企业会结合公司的实情在一二线城市发展的原因。道理很简单，在三四线城市辛苦忙碌了几个月，还不如别人在一二线城市忙碌几个星期！

B. 结构

人口结构是一条影响很长的线索，我们无法看到它立刻发挥作用，只有在时间的长河里面，才能看到企业的变迁。

人群的人口结构意味着消费结构不一样，也意味着产品的结构层次有很大的区别。在时间的冲击下，人口结构变化以后，产业结构也会发生较大的变化。

C. 教育程度

人口的教育程度是人群中消费水平的直接影响性因素之一。人口教育的程度越高，当地的分工越高，消费水平越高，企业的市场越大。同时，教育程度对于某些购物行为习惯有直接决定作用，比如，新的产品，往往优先在教育水平更高的人群中普及。比如早晨喝牛奶的普及，以及使用信用卡的普及。由于接触面更广，这部分人群对新产品更容易接受，但与此同时，更高教育水平的人群，对于产品将充满更高水平的审视目光，便宜的、没有品质的产品，则难以进入其选择项。

D. 地理分布

人口的地理分布是直接影响企业布局的一个因素。距离市场的远近程度不同，企业运营的成本也不一样。在同一个区域市场，不同的地段，其核心价值有很大区别。

在当下宏观市政布局方面，很多地方都有严谨的区域规划。这些合理的区域规划直接决定着当地区域属于哪种类型市场、哪种商业形态，与此同时，在形成商业形态的过程中，还有一种是属于当地自然而然形成的"心智"规划。即在当地生活了很多年的人，对于当地哪一块市场做什么，他们了如指掌，也意味着如果他们需要购买该类型产品，他们就会前往该类区域市场。这也是专家选址的核心指导思想。

○经济环境

这里的经济环境主要包含相关制度、产业结构、收入状况、居民储蓄状况、消费结构等。在我国，政府会有大量的政策扶持与服务。一旦你被宏观层面所认可，符合各项审核标准，政府就会提供更好的政策支持你。

收入状况与居民储蓄状况是一个很有意思的话题。早些年，因为遭受过各种各样的经济困难，老百姓通常都喜欢储蓄，不喜欢提前预支。后来，为了促进经济的发展，盘活民营经济，国家层面降低了存款利率，降低了个体经营贷款门槛。结果，民营企业与个体户因为有了更加充足的资本，可以进行产品生产与流通，而消费者因为钱存着也没有多少利息，因此进行消费，从而促使经济整体的向上爬升。而早些年受过贫苦并富裕起来的人，其极端的购买行为，要么只买贵的，要么更加"节省"（相对富人而言），与早年经济环境烙印有关。

○政治法律环境

政治法律环境适用于所有国家。这是一个非常重要的特定性因素，尤其是那些关于国家层面竞争力、民生等相关行业。

之前，当第一批战队安卓阵营的 HTC 在成为欧美市场的老大时，HTC 被苹果公司以相关专利为理由，申请法院判决在美国等市场禁售。这一禁售的结果，给 HTC 的战略性发展形成了非常致命的打击。而后来的华为在全球攻城略地，也被美国以国家安全为理由，进行围追堵截。

遵纪守法，是企业的底线所在。在国外，我们要留意防止他国恶意炒作，甚至是煽动。在国内，以钻法律制度空子获利的行为，终究逃不过法律的制裁。这一点需要企业家高度注意。

○自然生态环境

自然生态环境会对企业有什么影响？关于这一点，我们一起看几个案例。

之前，在欧美市场家庭常用的烘干机来到中国，但严重水土不服。因为当时，家家户户都习惯在外晾衣服，既方便，又能消毒。真是感觉么么哒。但自从遇到雾霾以后，被打入冷宫的烘干机，秒变座上贵人，在北京等有雾霾地区销路一路看涨。与此同时，那些相关概念净化机等也从无到有，从有到火爆。

让人感慨的还有空调。在四季如春的昆明，空调销量就是"Hold 不住"。为什么？因为即便是在夏天的晚上，洗澡还得用热水。遇到这样的情况，空调牌子再大，你也只能说"呵呵"。

○科学技术环境

良好的科学技术环境有利于促进整个产业链的高度发展，比如，特斯拉专利技术的开放，势必促进汽车行业在相关领域进行新一轮的突破。这里不得不佩服特斯拉公司的胸怀与格局。当然，此举会扩大整个电动能源市场与深化电动能源基建，也必然反过来促进特斯拉更上一个台阶。同样在国内，不同的产业技术交流协会也有利于整个产业的良性生态循环。

○社会文化环境

社会文化环境是指，人们在一定的社会环境中成长和生活，经长时间的积累，而形成的某种信仰、价值观、审美观和生活准则。其不仅制约和影响着人们的消费动机、消费行为和消费方式，还影响着人们对商品价值的理解、对企业营销活动的反应。

从大的层面看，社会文化环境会对整个产业链造成影响。比如，烘干机就是一个典型。在我国，人们通常都会将衣服放到外面去晾干，烘干机是没有市场的。可是，在欧美国家就不一样了！他们觉得，在阳台晾衣服是一种非常粗鄙的行为，基本上每家每户都会用烘干机将衣服烘干。由此可见，同样的一种产品在不同的认知中便出现了截然不同的结果。

3. 行业市场调研

○ 为什么要进行行业调研

有一句话叫作"女怕嫁错郎，男怕入错行"。行业对于男人的重要性就像婚嫁对于女人，搞错了，就真的后悔莫及。学历和能力都相同的人，几年以后却会出现较大的差别，其实在一开始就有苗头。只不过，很多人都不愿意承认这一点，并且喜欢将此类的原因更多归于际遇。

对于企业来说，同样也是如此！企业要进入哪一行，也是非常有讲究的。虽然当下有很多人都在频频跨界，并且玩得不亦乐乎。可是，真正的"跨界"，还有很多前提。

首先，要思考的第一个问题是，为什么现在跨界现象非常多，而以前却很少有人提到？其实，跨界现象的出现，主要原因在于，互联网与物联网的高度发展，让所有行业的信息、业内操作变得更为透明。

其次，商业核心机密与商业背后逻辑思考，被更多的人广泛地吸收和获取。

最后，自媒体的有效传播越来越广泛、越来越有深度，一些案例非常容易被扶上神坛，接受广泛的顶礼膜拜。

现在，知识高度爆炸式的发展，与前几个时代确实不可同日而语。很多跨界者本身就是多重标签式的人物，在资本累积足够，天使人、VC 跟进的情况下，自然会频频跨界，颠覆一个又一个认知。

当然，跨界者，并不是谁都可以，也不是谁都可以经受住再三的折腾。天使人，也不是那么容易"一下子就对上眼"。最终还是要回归到原点，老老实实地从第一步做起。

很多老板做企业，做的都是自己的本行。一来，自己轻车熟路，业务流程非常清晰，产品体系梳理得非常完整；二来，已有的人脉圈子可以进行深度合作，甚至很多业务都是转介绍的。可是，对于一个年龄小的人来说，对于一个行业新人来说，若想跨入一个行业，一定要从严从紧，一定要进行行业数据调研。

只有经过非常系统的行业数据调研，才能知道：行业内有多少竞争对手，竞争对手的优势在哪里，业务模式如何？只有经过系统性的调研，才能做到知己知彼，百战百胜。市场蛋糕的大小是固定的，不是你吃，就是他吃。如果他全吃了，你就会饿死。所谓的双赢，通常都只有大公司才玩得起来；如果你是小公司，一定不要自欺欺人。

○如何进行行业市场调研

我们做企业的时候，一定要明白：任何一种产品或者服务的诞生，都必须对应一个需求。而人，永远都存在着需求；并且，需求每时每刻都在动态发展。可能，一句话就可以激活一个潜伏的需求；也可能，一句话就能够将一个明显的需求生生抑制。

企业做业务，一定可以解决市场中一部分人的需要。可是，这部分有需求的人为什么没来找你解决？所以，在企业倒闭之前，一定要好好琢磨和反思。进入一个行业的时候，该如何进行行业调研呢？概括起来，主要有如下几种办法：

A. 进入这个行业里面有代表性的企业

找到代表性的行业，在里面待上 3~6 个月，了解一下企业的业务来源方式、产品工艺程序、服务流程、相关对外政策等。使用这种方法，既可以从内部透视行业的内部运作规则，也可以了解到行业潜在问题与发展桎梏。

B. 到这个行业代表性企业的客户公司

在里面待上 3~6 个月，了解一下：客户是如何找到这家企业的，其为什么要与这家企业合作？同时，还要了解一下，这家企业给客户公司服务的结果具体到哪种程度，并且为这个客户实际带来了多大的价值。

只有通过这样的系统性的分析，才能把业务入口放在更为正确的地方，才能将服务标准落实得更为严谨。

C. 通过搜索引擎的数据导引

通过搜索引擎的数据导引和大数据的整合，是一种比较偷懒的方法！

可以利用 1 个月的时间，将行业的数据进行有效的对比。常用的数据对比有：百度关键词数据、公司定位、淘宝热销指数、公司规模、公司的产品、阿里巴巴数据、常年营销活动、企业新闻、问答口碑数据、合作政策、营销战略、渠道相关等。

使用这种办法，所取得的结果与亲身体会有很大区别。这种区别只有摸爬滚打很多年的企业老板与高管才能感受到。

D. 越是成熟的行业，越不要轻易触碰

尤其是那种已经排出行业老大、老二、老三顺序的行业。这说明，这个

行业不仅已经被行业内部认可，也已经被消费者所认可。这就意味着，该行业的品牌已经扎下深根。

表 1-1 是一个关于"客户公司行业与项目分析"的模板。

表 1-1　客户公司行业与项目分析

客户公司相关分析要素		评估
项目投入预算或营业额		非常优秀（　） 优秀（　） 普通（　） 不良（　）
公司类型市场定位与提供的市场价值		非常清晰（　） 清晰（　） 不清晰（　） 得到大范围认可（　） 得到小范围认可（　） 没有得到认可（　）
市场当前的可容纳空间值及市场曲线		前途非常好（　） 前途可观（　） 前途一般（　） 前途危险（　）
目标市场的难度大小		难度非常大（　） 有难度但需攻克（　） 难度一般（　） 容易（　）
盈利模式		模式清晰可持续（　） 模式清晰但容易被抄袭（　） 已有通用模式（　） 模式不可持续增长（　）

客户公司相关分析要素		评估
项目的核心优势		优势明确，容易得到认可（　） 优势明确，但认可需努力（　） 优势容易同质化（　） 优势不明确（　）
行业门槛程度 与合作基石		门槛非常高，聚合难（　） 门槛非常高，聚合可行（　） 门槛高，聚合不可行（　） 门槛一般，聚合不可行（　） 门槛低，聚合不可行（　） 门槛低，聚合可行（　）
事业与季节周期		周期非常长（　） 周期长（　） 周期一般（　） 周期短（　）
风投偏好		内部对风投的认可（　） 风投的偏爱（　） 非常偏爱（　） 一般程度（　） 偏爱程度低（　）
区域政府政策支持程度		非常优秀（　） 优秀（　） 普通（　） 不良（　）
宏观背景政策调控		非常优秀（　） 优秀（　） 普通（　） 不良（　）
整体经济形势 与区域经济形势		非常优秀（　） 优秀（　） 普通（　） 不良（　）

续表

客户公司相关分析要素		评估
竞争对手市场地位		情况非常优秀　（　　） 优秀　（　　） 普通　（　　） 不良　（　　）

○如何进行调研跟踪

调研的初步数据一旦完成，就必须进行归纳与总结，以明确层次与重点。如果我们是新入行业者，最好树立这个行业里学习的标杆对象，对其进行全方位的系统学习。比如，标杆企业的核心战略体系、事项执行标准、服务标准、产品标准、产品成本标准、营销方式等。诸如此类，均可以直接照搬到本公司，然后开始本土化。

对于新入行的企业来说，如果没有相对的优势，是没有办法展开长期竞争的。因此，就要对这个标杆企业相关产品化、服务化等展开差异化研究。为了更好地应对这些竞争者，要从成本优化、产品优化、服务优化、营销优化入手。尤其是当下这个产品已经过度饱和的年代，产品的营销体系设计、产品的全网络覆盖，一定要做得非常到位。

当核心战略已经敲定的时候，就要发挥战术的作用。把每一场战术的成功接连起来，就是战略的成功。市场是动态的竞争，战术同样也需要随时予以调整。诸如竞争者对手，每个月、每个季度、每个核心的营销节日都做了什么，做到什么程度？这些都必须让公司了如指掌。只有这样，企业的核心战略才不会出现偏差。

市场调研是企业获取信息的重要手段，随着经济的不断发展，市场调研对企业的发展以及整个经济的作用越来越大。那么，究竟什么是市场调研？所谓市场调研就是，以系统的科学方法（如抽样设计等）搜集市场资料，运用统计方法对这些市场资料进行分析，最终得到所需有用信息的过程。

市场调研是一种系统的市场信息搜集活动，既有深思熟虑而后确定的明确目标，又有为实现这些目标而精心设计的规范的方法及步骤，更有配合这些方法及步骤的周密的资源配置安排。不做系统客观的市场调研与预测，仅凭经验或不够完备的信息，就做出种种营销决策是非常危险的，也是十分落后的行为。

A. 市场调研的分类

发展到今天，市场调研的范围已经很广，具体分工也越来越细。按照新产品的上市流程，市场调研可以分为以下类别。如表 1－2 所示。

表 1－2　新产品市场调研

类　别	说　明
竞争对手调查	此类调查针对性强、意义重大，一般可以通过二手资料搜集、内部资料研究等方法开展
产品测试	是应用最广泛的市场调研之一，主要测试对象包括：产品口味测试、包装和价格等
市场细分研究	通过市场细分，可以区别对待有着不同需求的消费者，以便为他们提供合适的产品
消费者行为研究	通过这样的研究，可以洞悉隐藏在消费者行为中的影响消费者购物的要素
营销环境研究	营销环境包括总体经济环境、行业环境等。只有对市场做到心中有数，才能保证新产品或服务推广上市的胜率
广告测试	具体包括：广告内容的定性探究、广告播送后的回顾和广告内容的回顾等
满意度研究	一般是等间隔的连续监测顾客对企业所提供产品或服务的满意程度，有时还要结合各种旨在提高满意度的措施测定满意度水平的变动
品牌或企业形象研究	是市场调研的重要内容，可以获取受访者在某一产品或服务方面的消费数量和反馈

B. 市场调研基本流程

a）明确调查目标。

进行市场调查，首先要明确市场调查的目标。

按照企业的不同需要，市场调查的目标也会有所不同。企业在制定经营战略时，必须对宏观市场环境的发展变化趋势进行调查，尤其要调查所处行业未来的发展状况；在制定市场营销策略时，要调查市场需求状况、市场竞争状况、消费者购买行为和营销要素情况；当企业在经营中遇到了问题时，要针对存在的问题和产生的原因进行市场调查。

b）设计调查方案。

一个完善的市场调查方案通常包括以下几方面内容：

一是调查要求。根据市场调查目标，在调查方案中列出本次市场调查的具体目的及要求。例如，本次市场调查的目的是了解某产品的消费者购买行为和消费偏好情况等。

二是调查对象。市场调查的对象一般为消费者、零售商、批发商等。

三是调查内容。调查内容是收集资料的依据，是为实现调查目标服务的，可以根据市场调查的目的确定具体的调查内容。

四是调查表。调查表是市场调查的基本工具，设计时注意：要与调查主题密切相关，表中的问题要让被调查者接受、次序条理清楚、内容简明。

五是调查地区范围。应与企业产品销售范围相一致，在某一城市做市场调查时，调查范围应为整个城市；但由于调查样本数量有限，调查范围不可能遍及城市的每一个地方。

六是样本的抽取。调查样本要在调查对象中抽取，由于调查对象分布范围较广，为了保证抽取的样本能反映总体情况，应制定一个抽样方案。

七是资料的收集和整理方法。在市场调查中，常用的资料收集方法有调查法、观察法和实验法。这几种方法各有优劣，适用于不同的调查场合，可以根据实际调研项目的要求而选择。

c）制定调查工作计划。

为了制定一份详细的调查工作计划，要从以下方面做起：

一是组织领导和人员配备。可以由企业的市场部、企划部负责调查项目的组织领导工作，针对调查项目成立市场调查小组，负责项目的具体组织实施工作。

二是访问员的招聘和培训。可以从高校中的经济管理类专业的大学生中招聘访问人员。同时，还要对访问员进行必要的培训，培训内容包括：访问调查的基本方法和技巧；调查产品的基本情况；实地调查的工作计划；调查的要求和注意事项。

三是工作进度。将市场调查项目整个进行过程安排一个时间表，确定各阶段的工作内容和所需时间。主要包括以下几个阶段：调查工作的准备阶段、实地调查阶段、问卷的统计处理分析阶段、撰写调查报告阶段。

四是费用预算。企业应核定市场调查过程中将发生的各项费用支出，合理确定市场调查总的费用预算。主要包括调查表设计印刷费、访问员培训费、访问员劳务费礼品费等。

d）组织实地调查。

市场调查的各项准备工作完成后，要进行问卷的实地调查工作，主要工作包括：

一是做好实地调查的组织领导工作。实地调查是一项较为复杂繁琐的工作，应按照事先划定的调查区域确定每个区域调查样本的数量、访问员的人数、每位访问员应访问样本的数量及访问路线；明确调查人员的工作任务和工作职责，当需要对调查样本某些特征进行控制时，要分解到每个访问员。

二是做好实地调查的协调、控制工作。要及时掌握实地调查的工作进度完成情况，协调好各个访问员间的工作进度；及时了解访问员在访问中遇到的问题，帮助解决；每天访问调查结束后，访问员要对填写的问卷进行自查，然后由督导员对问卷进行检查，找出存在的问题，以便在后面的调查中及时改进。

e）调查资料的整理和分析。

实地调查结束后，就会进入调查资料的整理和分析阶段。收集好已填写的调查表后，由调查人员对调查表进行逐份检查，剔除不合格的调查表，然后将合格调查表统一编号。调查数据的统计，可以利用 Excel 电子表格软件完成。

f）撰写调查报告。

撰写调查报告是市场调查的最后一项工作内容，规范的调查报告格式为题目、目录、概要、正文、结论、建议和附件等。

4. 如何挑选一个好项目

今天，依然还有很多人创业，仅凭着一种感觉。以为结果会如何如何，但往往不幸运的人很多。那么我们需不需一种感觉？需要！但更需要对项目本身进行评估。那么如何对一个项目进行评估和挑选呢？

○选择的项目最好能够成为未来的趋势

这两年有一句非常火的话叫"在台风口，猪也被吹起来"。这句话的潜台词是，顺势而为，顺应时代潮流而为，成功的概率会大很多。雷军就比较喜欢做这种事情。所以，他的天使投资基金叫"顺为"。

回顾过往的历史，我们惊人地发现，杰出的企业与时代潮流都保持了高度的契合。当年个人电脑的普及成就了微软；为了寻求更多、更准确答案，成就了谷歌与百度；为了让生意变得更加容易（电子商务），成就了阿里巴巴。世界浪潮浩浩荡荡，即便是普通人物，只要懂得顺势而为，也可以赚得盆满钵满。

智者善于把握趋势，一旦成为引领趋势的人，必将成为财富的宠儿。选择趋势性的项目介入，既容易赚钱，也可以做得长久。如果违背趋势，即便再有雄厚实力，在浪潮面前也是捉襟见肘。

○市场切入时期要合适

每一个行业都可以挣钱，也都可以挣大钱。介入的时间早，建桥修路，坐等收钱。但是行业刚开始时，需要持续烧资本，稍有不慎，资本有可能会烧完。如果介入的时候晚，涌入行业者已经太多，市场竞争必然加剧，利润空间必然下降，这样也没有多少钱可以挣。所以根据公司的实力、行业情况，在一个恰当的节点介入这个行业显得非常重要。

有一句话说得好——"哲学家比社会快三步"！而通常，我们的企业家只需要比社会快半步。但这"半步"的拿捏，则需要一定的智慧。比如，手机行业在1999年的时候，300元就可以开公司。而现在介入手机行业，即使投入300万元也未必能掀起一点浪花。

一般来说，一个趋势性的行业或者项目，从高端走向普及的时候，是一个非常好的介入时机。在这个时候，市场容量急剧扩大，技术逐渐成熟，竞争对手还不多，企业成功容易得多。在这里我们重点研究一个芯片企业——联发科。

联发科的董事长蔡明介认为，在竞争中最先达到经济规模才是最重要的。所以，联发科从来都不会第一个进入市场，都是作为后来者的角色进入，但是进入后就能使用成熟技术引发价格雪崩，将先发者挤出市场。

1999 年，联发科还只是一家研发光盘存储技术和 DVD 芯片的厂商，主要业务是为客户提供相应的软件方案。2001 年，在 DVD 芯片市场上摸爬滚打 4 年多的联发科凭借着优秀的团队与技术，占据了 60% 的 DVD 市场份额。但这之后，联发科开始面临抉择，是继续在已经逐渐饱和的 CD – ROM、DVD 芯片市场保持平稳发展，还是率先求变开拓更大的新领域市场？

新市场，看似美好，却不见得会成功；老市场，看似平稳，却面临萎缩。

在采取手机芯片研发作为公司优先级最高项目的战略时，联发科以 80% 优秀大于 100% 优秀的务实市场策略，先稳定已有收入，然后逐步踏入新的行业。在智能手机爆发式发展的档口，其凭借先进成熟而又价格实惠的解决方案，一步一步征服了国内外知名手机品牌厂商，这样，在一个快速发展的行业，通过其性价比、成熟的技术，"杀出了一条血路"。

○一定要有足够大的市场空间

项目的空间比较小，市场就容易饱和，尤其是相对小众的项目。比如，做策划公司。做这一行，要想取得不错的结果，通常要求高端智力。但是，一般来说，企业主都喜欢自己策划，喜欢跟别人探讨。所以，都不愿掏钱去专门找一个品牌策划公司。但是一旦他认识你以后，就喜欢有事没事找你请教。

另外，每一个项目背后的企业主，实力不一致，执行效率不一致，一旦遇上人事复杂的公司，项目结果就相当容易悲催。在这一行业里，只有大金主，才付得起价钱，因此"有钱的越容易有钱"。

○要做第一名或与第一名合作

在信息社会中，每个行业的第一名、第二名都占有相当大的市场份额，而后面的公司基本上扮演的都是"陪太子读书"的角色，比如，可乐。很多人都听说过可口可乐、百事可乐，而对于其他的牌子似乎都不太熟悉。所以，做第一名相当重要。

通用电气的总裁杰克·韦尔奇在上任之初，便把不能处于世界第一的部门全部砍掉了，集中精力发展能够做到"第一"的部门，如此才奠定了通用的辉煌时期。

今天，要么自己成为第一，要么跟第一名的公司合作，这是做项目的明智之举。试想一下，即使做不了可乐行业的第一，如果是可口可乐的代理商，同样也可以赚到钱。

○要考虑投资成本

如果项目很好，可是你没有钱，也做不起来。如果想拿肯德基、麦当劳的代理，是需要很多钱的，仅一个门槛就会把许多人阻止在门外。所以要量力而行，不能好高骛远。

○不可忽视了投资风险

做生意，首先要考虑会不会赔钱，赔了钱自己能不能承受。巴菲特是投资之神，他选择项目的一个原则就是，即使自己判断错误，也要有钱赚！

○要考虑利润的空间够不够大

俗话说，杀头的生意有人做，赔本的生意没人做！利润空间也是很重要的因素。

笔者以为，有一个合理的空间就好了。所谓的合理，就是要考虑行业的平均利润、行业趋势、行业垄断性、运营模式等因素。超出行业平均利润，其他因素又不够优秀的，一定要慎重；较低利润的一些行业，往往是靠规模取胜，也不是创业的首选。所以，考虑利润时，既要有足够的空间，又不能不切实际地妄想。

○要看是否容易入手

有些项目，别人做就经营得风生水起，自己做就一塌糊涂，为什么？不是钱的问题，是自身硬件未达到他们的程度。所以，在选择项目的时候，如果基于一种趋势：自己做产品，自己创业，就要看看自身硬件具备程度，是否具备专业能力，能否建立渠道、做销售、做品牌。

这时候，要注意几点：投资启动资金比较小，周转快；产品行业非夕阳行业；产品与服务购买门槛比较低；团队配置比较少；营销成本比较低；回报较为客观。如果自认为实力比较单薄，可以选择一个合适的厂家产品做经销商加盟。在选择经销商加盟的情况下，要关注有没有区域保护，厂家有没有后续支持，产品行业是否属于向上的行业等。

○售后服务是否较少

这一点看似不重要，实则很关键，尤其对于刚起步的人。

刚刚开始起步，财力能力都不够完善，如果项目需要太多的售后服务就不好做。而且，售后服务越多，越容易出现服务不到位的情况，越容易降低客户的满意度和口碑，这样不利于市场拓展。所以，选择一个售后服务少的项目起步，相对来说会轻松、快速很多。

○产品功效周期长短

如果产品的见效周期短，很容易让客户看到效果，很容易让客户成交，很容易形成后续购买和转介绍，自然会增加现金周转率和返单率，这两个指标是很关键的！

由此可见，见效周期短的项目更好做一些。

第 2 章　品牌营销篇

推销是你找客户，营销是客户找你。

——西门子家电全球营销总监 Prosteder

1. 给自己的产品进行品牌梳理

○ 商业模式是前提

多年以前，商业模式是一个逢场必说、逢人必谈的话题，仿佛不说，层次和级别就提不上来。当前，杀毒软件中，市场份额较大的是奇虎360。2008 年，奇虎360 推出杀毒软件测试版及360 安全浏览器，2009 年9 月发布杀毒软件正式版，并宣布360 杀毒软件永远对用户免费，成为免费杀毒软件的开路先锋。

360 的免费策略一出，就以势不可当之势瓜分了杀毒市场这块"奶酪"，迅速整合了原本分散的市场，占得杀毒市场的一席之地，同时也给杀毒市场带来了新一轮的洗牌。据来自360 方面的公开资料显示，奇虎360 杀毒软件正式发布后不久，日均下载量就超过了百万人次，单日最高下载量接近200

万次。在网络安全市场取得巨大用户数量后，奇虎360开始借助"网络安全平台"拓展业务线，进入网站导航、软件下载、手机安全等众多领域。

奇虎360从杀毒软件里面爆发，很快便打倒了老牌的杀毒软件厂商。通过免费，赢得了用户；通过用户，获得了广告与其他；通过一种迂回的方式，获得盈利。

在网游行业，同样如此！

《传奇》的火爆，短时间内便将陈天桥推上了首富的位置。那时，史玉柱为了进入网游行业，便实施了"免费"的策略。别人收费，我免费，很快便收获了一大批骨灰级玩家。《征途》就是这样从看似不可能的地方崛起的。自巨人创立起，史玉柱一直不乏大手笔的操作，尤其是2005年网游免费战略的推出堪称"神来之笔"。

好商业模式带来的结果是非常显而易见的！今天，商业模式则成了企业运作的根基与前提。这里有一个笔者见过的最厉害的商业模式。

市场上曾经出现过一个品牌叫梦露，只做女式睡衣产品，销售价格为188元一件。只有两种款式，吊带的和齐肩的；只有两种颜色，橙色和紫色。此品牌采用了一种别样的销售方式——送。怎么送？免费。如果你穿了，感觉很好，就帮我们做做口碑宣传。

相信，大多数女人收到这样的睡衣，都会要！可是，他却提了另外一个要求，我们可以送给你，但你要付快递费。快递费是23元一件，支持货到付款，支持退货，消费者是零风险。也就是说，只要花23元快递费就可以拿到一件价值188元的女士睡衣。

也许，第一次看到这样的信息时，女士们可能都不会动心。可是，当她们发现在同一时段竟然有157家网站都在为它打广告时，多半会点开看一看。之后，大多数人都会订上一件。

那么，免费送，到底送多少？第一阶段，送1000万件。计算一下，188

元一件，1000 万件，等于多少钱？ 18.8 亿元！有哪个公司愿意拿 18.8 亿元砸一个市场？

也许很多人都会想，他们是赔钱赚吆喝。可是，这家公司既不是中国五百强，也不是世界五百强，究竟是怎么回事？为了满足好奇心，很多人都会订一件。于是，就会留下名字、电话、手机、地址，13 天后，快递送到家。结果，打开包裹一看，这件睡衣质量真不错，市场价可能要超过 188 元或者 288 元，自然会心甘情愿地付这 23 元快递费。

很多人看不明白，这家公司是干吗的？是做慈善？还是赔钱赚吆喝？现在，就让我们一起来算一笔账：1000 万件睡衣免费送，首先需要解决货源问题。做生意的人都知道，中国义乌小商品批发市场世界闻名，那里有很多小型服装加工厂，制作起来，成本很低。我要 1000 万件，你给别人做 10 元，给我做就可以 8 元。注意：夏天的女式睡衣，款式简单，省布料。

为什么 8 元成本的睡衣，在商场里面可以卖到 188 元？商场费用占 27%～33%；营业员费用占 12%。梦露睡衣生产成本只有 8 元，可是到消费者手中的中间不会经历任何商场环节。消费者真正得到了实惠，自然会开心！

接下来，就是快递的问题。平时快递一种最小的东西，至少要 10 元。可是，如果一年有 1000 万件快递要在你的公司运送，5 元就可以敲定。因为夏天的女式睡衣很轻、很小，一个信封就可以装下。

最后，就剩下广告了。网上，做这种免费送东西的广告通常是不需要花钱的，因为网站要的是浏览量。可是，为了让睡衣送得更疯狂，只要在你家的网站上送出去一件，我就给你 3 元的提成，你是不是会把广告打得更疯狂？于是，所有的网站都会帮着打广告。

好，我们再算一笔账：23 元减去 8 元，减去 3 元，减去 5 元，还剩下多少？ 7 元！也就是，送一件睡衣只需付出 16 元的成本，可是消费者却付了 23 元的快递费。也就是说，他们只要送一件睡衣，就可以赚 7 元。中国有 13 亿人，一年免费送 1000 万件自然可以送出去。最后，他们一年就可以赚 7000 万元。

我们再算一下其他人的利润。你觉得，生产睡衣的工厂一件能赚多少钱？每件只能赚 1 元，可是 1000 万件的单，厂家要不要做？快递费只收 5 元，快递公司能赚多少？也是 1 元。网站打广告本身是没有什么成本的，所以网站的纯利润是 3 元。三者加在一起，一件才赚 5 元。可是，他们什么都没干，便赚了 7000 万元。

那么，这家公司有多少人？从总裁、设计总监、销售总监到会计，全公司加在一起一共 4 个人。4 个人分这 7000 万元，怎么都有得赚，最关键的是他们什么都没做。而且，每个人都很开心！

这，就是商业模式的厉害之处！

商业模式比较厉害，但是颠覆性质的商业模式很难"蹦出来"一个。一般而言，商业模式的几大核心点在于以下几方面：

第一，我们的客户是谁？一旦选择了老年人的客户群体，就意味着年轻人的群体必须放弃。

第二，哪一群人买单？为什么愿意买单？一般来说，愿意买单的都是对商品情有独钟的，或者认可产品性能的。如果用户对商品不认可，自然不会掏腰包。

第三，哪些人愿意与我们合作，为什么要跟我们合作？既然合作，追求的肯定是双赢，如果通过合作，一方没有得到任何的好处和发展，合作就会中断。

第四，我们可以合作的渠道有哪些？哪些是比较容易的？

第五，哪些环节是可以盈利的？可以盈利的环节有很多，应重点加强对企业发展有利的，或者操作起来简单容易的。

第六，目标市场是否会积极反映我们的价值？

在这里，笔者并没有采用传统教材里面常用的商业模式要素，因为它们非常理论化，难以被新手所理解。所以，在这里，笔者就以生活中的实际表达来阐述这样一个系统化的工程。

需要理解的是，并不是所有的人都是我们的客户，并不是所有的人都愿意为我们的产品与服务买单。为我们的产品与服务买单的人，都具备一些共同的标签，有一个共同的需求去满足。

在我们扩张的时候，有一些人为什么愿意跟我们合作？为什么有些人不愿意跟我们合作？在前期的设计里，一定要了如指掌。确定好了目标市场，为目标市场提供了价值与服务后，就要设计相应的传播渠道与市场渠道了。

商业模式是企业的根基，在没有搞清楚这些问题之前，企业要么战略盲目，要么传播失策，要么项目进展不大。所以，作为企业家、创业者，商业模式一定要慎重考虑。

○品牌模式选择

在单一产品格局下，企业的营销传播活动是围绕着同一个品牌的资产而进行的。可是，随着产品线的不断扩展，当一个企业面临多个品牌或推出新品牌问题的时候，就会出现品牌模式的选择问题。规划一个科学合理的品牌模式，对企业"多快好省"地打造强势品牌至关重要，一方面能使品牌保持平衡，避免重心模糊、市场混乱和资金上的浪费；另一方面可以在品牌之间产生"相映生辉"的促进作用。

品牌模式的选择对企业效益的影响是极大的。一般而言，我们常见的是单一品牌、混合品牌、独立品牌、不相关品牌4种主要品牌模式（当然业内还有一些其他的名称），只有全面了解每一种品牌模式的内在规律，才能优选出与企业现状匹配、经济高效的品牌模式。

A. 4 种主要品牌模式的区别、特点与作用

a) 单一品牌模式。

它指的是所有产品系列不论其多宽广都使用一个品牌名。所有产品都使用同样的品牌，公司品牌在某些领域有着很大的影响，或者公司想显示实力。比如奔驰、索尼和现代。

它们是如何建立这种模式的呢？

奔驰，所有车辆都有"奔驰"品牌，仅以不同的型号区分不同的产品。

索尼，所有产品都用"索尼"品牌，后跟产品名，以区分不同的产品。

现代，所有产品都用"现代"品牌，后跟产品名，以区分不同的产品。

b) 混合品牌模式。

它指的是每个系列产品都有独立不相关的品牌名，但所有系列又同时分享一个共同的名字。母公司的品牌名字与所有子公司品牌名字都有关联，公司名字可能扮演的是次要的、功能性的角色。通常母公司的名字都非常强大，能够为旗下的品牌增值；同时，这种模式不会因品牌太过杂乱而降低对市场的冲击力。比如可口可乐。

可口可乐公司旗下有很多品牌，如可口可乐、雪碧、芬达、运动饮料、冰冻果汁等。但所有的品牌都要写上"可口可乐公司荣誉出品"，因为可口可乐的名字可以使旗下的品牌增值。

c) 独立品牌模式。

它指的是每一个系列都拥有一个独立不相关的品牌名。其中只有一个公司可以使用母公司的名字。比如福特。

福特汽车公司旗下有福特、林肯、Mercury、捷豹等品牌。每个品牌都有各自独立的标志，它们之间的品牌名与总体形象没有任何的联系，因为福特公司认为，"福特"是大众市场的汽车，不会为其他高级汽车品牌增值，反而会削弱其他品牌。

d）不相关品牌模式。

每个品牌都是独立互不相干的品牌，且与母公司名没有任何关系。母公司的运作就像一个控股公司，各类产品有多个品牌，覆盖不同的消费者需求，可以将市场份额扩至最大。此模式允许公司发展新业务，简单地引入新品牌，覆盖新的消费群，不必担心任何品牌名的"延伸"会超过核心概念。比如宝洁。

宝洁公司旗下有很多品牌，如，洗衣粉有汰渍和碧浪，沐浴皂有爵士和Dial，洗发水有海飞丝和飘柔，纸尿裤有帮宝适。宝洁在多个领域都有很多品牌，但品牌建立上从来都不会带上宝洁的名字，众多品牌独自分开，可以更好地覆盖市场、扩大市场份额。

B. 如何选择品牌模式

不可否认，品牌模式的应用的确有一定的行业适应性，如高科技行业品牌家，比较适合单一的企业品牌模式，如 IBM、惠普、英特尔，家电行业也是如此！原因很简单，因为上述行业品牌的核心价值相对单一，消费者更多关注的是品牌背后企业的技术、品质，品牌比较容易延伸。但一般而言，品牌模式的选择与行业没有直接关系，关键在于以下几条原则：

其一，不同的经营战略采用的品牌模式不一样。先要明确自己想干什么，然后再做品牌模式选择。如果企业采用的是多元化的跨行业经营，选择综合品牌模式时应十分慎重。

其二，不同的地位与实力采取的品牌模式不同。如果你是行业的龙头老大、实力雄厚，品牌模式的选择余地往往比较大，可以选综合品牌模式，也可以选多品牌模式。

其三，与竞争对手的品牌模式趋同。比如，家电行业普遍采取综合品牌模式，品牌之间的个性化差异比较少。

其四，现有品牌资产的多少决定了品牌模式。综合品牌模式、主副品牌模式和背书品牌模式都建立在成功的强势品牌基础上，绝不是异想天开。

○品牌金字塔

品牌沟通和表现，注定是要发展变化的。定位是将品牌的某一方面与顾客的期望、需要和要求联系起来的过程。当这些需求随时间而变化时，品牌也被迫跟随改变。因此，把品牌看作一个三维金字塔进行管理，很有必要。当然，关于品牌的金字塔有很多种，现在我们就针对其中的一种——三层金字塔模型做重点论述。如图2－1所示。

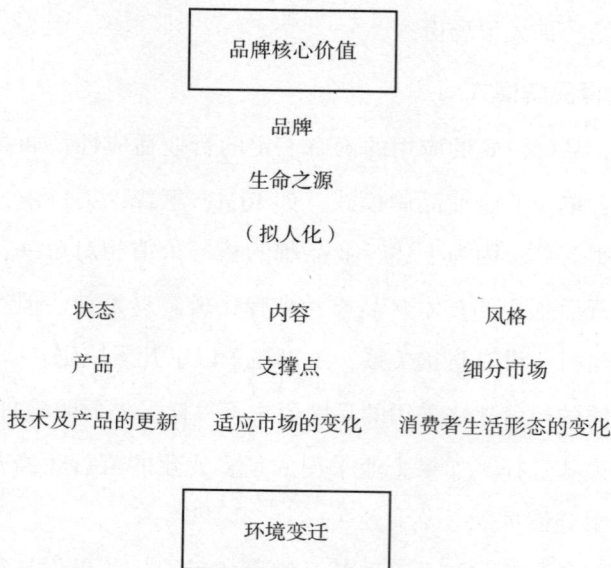

```
                    ┌──────────────┐
                    │   品牌核心价值   │
                    └──────────────┘

                          品牌

                        生命之源

                        （拟人化）


      状态              内容              风格

      产品              支撑点            细分市场

  技术及产品的更新      适应市场的变化      消费者生活形态的变化


                    ┌──────────────┐
                    │    环境变迁     │
                    └──────────────┘
```

图2－1　品牌管理的三层金字塔模型

在金字塔的顶端是品牌的核心价值，其源泉来自品牌的激活，即品牌是一个活生生的人，会说话、会行动，并形成品牌的遗传代码 DNA。我们必须知道品牌的核心点，同时要使它不同于别人的所见、所说。它是品牌的深层次识别，是品牌的核心价值，可以在很长一段时间内保持不变。

比如，波驰赛车的核心识别并非"跑得快的车"，形象地说，波驰的核心标志是"英雄"。不是指现代意义上的英雄，而是体现着"英雄"的原始含义。与危险的驾驶联系在一起并不会损害品牌的形象，因为险恶的处境正是英雄所面临的命运。

金字塔的中层是品牌的风格、内涵和状态。从语言学的角度说，是通过尖尖的铁笔记录和留下它的记号及图印。如同一个人的签名，风格品牌通过文字或图像传递的有特定意义的信息是品牌核心识别的反映。因此，风格不能随意变动，要保持与品牌核心识别的联系。

比如，健力士所有的广告都要经过检验，其高层管理层总会反过来提出这样一个问题："这是 Guinness 吗？"这种"感觉正确因素"被用来衡量品牌的核心内容与其表现的形式是否相适应。风格会随着时代的改变而做适应性的小变动。然而，品牌的标志正是在一系列的变动中变得鲜明起来。

金字塔的下层是传播的主题，即品牌目前的广告话题。消费者是从金字塔的底部了解品牌的。他们通过产品、传播主题、定位和沟通风格等了解品牌。

对于品牌管理而言，如果希望塑造一个长期存在的品牌，则必须清楚地理解品牌的核心点和源点。它从上至下的运作，风格及其变化不能违背品牌的核心识别。传播的主题和承诺必须落在品牌适应的范围内。

对于品牌管理，这种三层金字塔模型极为重要。通常，在不同国家，同一品牌会处于不同的发展阶段，因此，它的广告主题和产品在全球范围内是不尽相同的。只要品牌的核心价值和风格在各国都保持一致，就绝不是问题，只有经过相当长的一段时间后，产品线广告才会趋向统一。

○基于细分市场调研与产品定位的概念

在这篇文章里，笔者系统性地阐释定位观点。

如果你是一位经管类读者的老江湖，那么接下来的这一论述你需要读三五遍，然后再把《定位》这本书好好复习一下。笔者也怕一下子将你的思维颠覆以后，你再也回不去了。

如果你是一位从来没有接受系统性定位观点的新人，接下来这一论述最好不要去读，因为怕把你引入商业的误区。你应该先把《定位》这本书好好读几遍，巩固以后再来看这一论述。

这些话虽然有点夸张，可却是事实。因为大多数人从来就没有理解我们国家的特殊性，也不理解我们这个社会商业的属性。另外，在这里再给大家推荐一本好书——《商业的常识》。为什么当定位大行其道的时候，在我们这个国度，好像一点用都没有？

首先，一定要了解定位发生作用的前提。前些年，我们社会的物资极度缺乏，只要产品生产出来，就一定会被社会接受和认可。不管这个产品是高档，还是低档。因为当时什么都没有，什么都缺。缺的结果是，只要有，就可以了；只要有，就已经满足。

有一句古话叫"饱暖思淫欲"。只有吃饱了饭，才会想接下来的需求。所以当"吃喝玩乐"第一层最基本的需求没有完全满足的时候，所谓附属价值，所谓定位，都是零。

当定位在主要精英层生根发芽的时候，我们却发现，定位的作用并没有显著发挥出来。为什么？因为主流的精英群体，只会看到周边一二线城市的繁华，却忽视了三四五六线城市城镇的经济鸿沟。站在宏观角度察看这个巨大市场的时候，其实几大市场背后的市场接受力、购买力、消费意识形态，完全不一致。

在欧美市场，主要的教育水平、中坚购买层，有着很高的契合度。可是，在我们的市场里，有一句玩笑话叫"我们又拖了平均的后腿"。随着经济的发展，尤其是近几年的发展，贫富差距逐步缩小，区域市场的代沟差异逐渐减小。按理说，是应该发挥定位的地位和作用的时候，可是我们却发现"定位在失效"！

怎么会发生这种情况？对于很多品牌领域里面的专家来说，这都是不可思议的。时代在风云变幻，社会在跨时代发展。当下的社会，已经充分网络化、社交媒体化。只有少数产品品牌依然存在神秘感，大多数的产品与品牌都已经从神坛走了下来，可以触摸，可以看见。所有渠道的供应关系，所有品牌的运作方式，连普通的消费者都可以获知。

当你说，你的产品很高端的时候，消费者可以断然拒绝说"NO"。当你说，你的产品工艺非常高时，一场突如其来的变故，都可以把你的遮羞布扯下来。人们不再相信传播的东西，他们喜欢质疑，喜欢批评，喜欢挑剔；他们只相信真正拿在手里的、货真价实的产品，所谓产品背后的附属价值，只会让他哈哈一笑："你以为我真傻？"

只有当你的产品真正与其他产品产生本质差别的时候，你才会有走上神坛的机会。一旦走上神坛，你就变成了真正的神。消费者对产品的质疑、批评、挑剔，背面却是极度的信任。这就是人们的力量！

在红海市场，新产品的出现，必须经过调研，走差异化道路。仅满足于"概念式的差异化"，是很傻的事情！做产品的时候，不要总把自己想得多么聪明，不要觉得别人很傻！真正意义上的差异化是概念传播差异化、产品功能差异化、产品外在形态差异化、产品体验差异化、服务差异化。只有这样，围绕于定位所做的工作才能真正产生作用。

说老实话，如今的国内一些厂商的智商非常令人着急。其中，智能手机的一些厂商就是典型代表。什么女性手机、青年手机、明星定制手机……很多厂商都不好意思将这些数据透露出来。幸好国内市场足够大，只要一部分人不小心点了购买按钮，厂商就会有足够的销量。

在专注研究品牌多年以后，笔者越发觉得，很多厂家都是自欺欺人，把自己"糊弄得一愣一愣"的后，还希望把别人也"糊弄得一愣一愣"的。正是因为这个原因，让小米连连杀入了不同行业，将原有行业的龙头和老二打得屁滚尿流。

小米的崛起，抓住了当初的极客精神，使得其产品有高度的口碑。在量产化的过程中，大众化低价策略使得其快速扩张。这种低性价比，以及被变异扭曲的"屌丝文化"的传播，直接导致其在后续的竞争中落于下风。如果一如既往地坚持极客精神，高度关注传播的品牌理念，可能就不是这个样子。此外，华为因为坚持"技术派"的理念传播，结果原本 2010 年要变卖的事业部，在市场上打了一个翻身仗。

定位在什么环境下失效，在什么环境下有效，一定要高度关注什么是消费者行为学。在看不见的地方，消费者更加倾向买性价比高的货品，比如内裤、袜子等，在看得见的地方，已经成为热点的消费行业，人们更倾向于选择品牌。

一个品牌的建立，要么创建一个新的品类，要么差异化。具体如何差异化？可以采用下面的策略。

A. 原料的差异化

养生堂买断了浙江千岛湖 20 年的独家开发权，发动了针对纯净水的舆论战。因为是天然矿泉水、含有多种微量元素，所以在味道上不同于其他水。因此，打出的广告词"农夫山泉有点甜"带有明显的心理暗示意味。

B. 设计的差异化

一直以来，苹果公司的产品都以设计见长，随着 iMac 台式电脑、iPod 音乐播放器、iPhone 手机、iPad 平板电脑等新产品的出现，用户的心理防线受到了一次次的冲击，苹果品牌也变成了时尚与品位的先锋。

C. 制作工艺的差异化

如今，环境危机日益加重，人们的健康意识不断提升，乐百氏纯净水提出了"27 层净化"的传播口号，给人们带来了些许的安全感。

D. 渠道的差异化

戴尔电脑的网络直销消除了中间商，减少了传统分销花费的成本和时间，不仅大大提高了库存周转与市场反应速度，还设计了富有竞争性的价位，为客户定制并提供具有丰富选择性的电脑相关产品。如果客户想订购，只要直接在网上查询信息即可。5 分钟之后，便能够收到订单确认；不超过 36 小时，电脑就会送到顾客指定的地点。

E. 功能的差异化

顾客之所以购买某种商品，是希望其具有所期望的某种功效，能够帮助自己解决某些问题，因此很多企业便从这一点出发，对产品的功能进行了差异化设计。比如，沃尔沃汽车定位于"安全"等，正是基于这一策略。只要在顾客需求的某方面占据顾客心智中的第一位置，就有机会在竞争中胜出。

F. 服务的差异化

海底捞火锅连锁店的管理层认为：客人的需求多种多样，仅仅用流程和制度培训出来的服务员是无法满足客户需求的，因此提升服务水准的关键不是培训，而是要创造一个让员工愿意留下来的工作环境。员工有了归属感，变被动工作为主动工作，每个顾客从进门到离开都能真切体会到其"五星"级的细节服务。

G. 形象的差异化

万宝路为品牌注入了豪迈阳刚的牛仔形象，赋予了品牌某种精神和形象，可以满足顾客的某些精神需求。这种精神沟通以实体商品为基点，又脱离于商品实体之外，为顾客创造了附加的心理价值，与顾客之间建立起了更加牢固、更加密切的情感联系。

○产品的命名

命名是一个非常系统的工作，关于这一点，从出生时长辈为我们起名字就可以看出。通常一个好名字，无不带有长辈的期望、家族的未来、姓氏排行，以及五行、八卦、时辰的讲究。一个人的名字如此重要，对应到产品的名字，也是如此！

要想起一个好的产品名字，就要符合产品定位中的"档次"需求。国际化，还是本土化？高端大气上档次，还是低调奢华有内涵？有历史感的，还是现代化的？有格调的，还是文艺范的？一般来说，容易记、响亮、名称长度少于 5 个字、含义容易理解、具有关联度、名称具有想象力、与定位能关联的名字，就是好名字。

当然，要起一个好的名字，是非常难的，尤其是当人的思维与灵感闭塞的时候。怎么办？生造一个词语，再赋予它内涵，比如"奥迪"。虽然生造一个原本就没有的词语，市场接受的难度非常大。可是，在传播过程中，如果肯花费，市场自然也能接受。

产品的名字还涉及域名。产品最好能直接打通域名，一个简单的域名是非常方便传播的，小米的域名就是典型。当时，小米的考虑是，中文名字易记易传播；配套的顶级域名可获得；商标可以注册；便于国际化的推广；生活中早已熟悉，本身就带有色彩感和富于情绪。

产品的命名，对于产品来说是一个重要的问题，要在上面多花些心思。如果是抓女性的市场，就用带有女性色彩的名字；如果是抓男性的市场，就用具有男性色彩的名字。

先有市场细分的工作，才有定位！定位就是名字的源头，比如，欧化的、美化的、韩国化的、高大上的、下里巴人的、阳春白雪的等。设定产品名字的时候，要遵循一定的记忆规则。

○产品品牌背书

品牌为了增强其在市场上的承诺强度，通常还会借用第三方的信誉，然后第三方以一种明示或者暗示的方式对原先品牌的消费承诺做出再一次的确认和肯定。这种品牌营销策略就是"品牌背书"。通过品牌背书，被背书品牌可以对消费者先前的承诺再度强化，并与消费者建立起一种可持续的、可信任的品牌关联。

产品品牌背书是建立品牌非常重要的一环，可以让品牌更加具有公信力，提高创始人的知名度和影响力。第三方权威背书、熟人背书、经历背书、企业历史背书、企业技术背书都可以让产品的质量、品质更加具有可信度。

品牌背书需要有凭借，如第三方的知名度、美誉度，第三方的权威性，抑或第三方是某种潮流的领先者，但必须不违规犯法，可利用之处，尽可利用。其中，明确强调的称为硬背书品牌，隐晦暗示的称为软背书品牌。

第三方的身份可能是某个企业或机构、媒体、个人、地区，或是某个国家，但必要的条件是需有可借重的地方。比如，入选驰名商标的企业均实力雄厚、产品有保证，登陆央视的品牌都值得信赖，来自法国的葡萄酒品质优良。

第三方的支持作用适用于子母品牌拓展或者同类产品间扩散，但无论前者或后者，都必须获得主品牌的允许，并在其主品牌的统一框架下运作，不得越规。两者间的背书关系是合约式有偿租借，这种支持有一定的经济利益约束，所以关系紧密。但是，有时这种背书关系相当松散，不用征得第三方许可，或许连第三方都未曾知晓。

○产品品牌形象

所谓品牌形象，是指企业或其某个品牌在市场上、在社会公众心中所表现出的个性特征，体现了公众特别是消费者对品牌的评价与认知。产品的品牌形象主要体现在以下几个方面：理念识别、视觉识别、行为识别、听觉识别、环境识别、宣传识别、网络识别。

品牌形象与品牌不可分割，形象是品牌表现出来的特征，反映了品牌的实力与本质。

京东吉祥物 Joy 的可爱形象很好地体现了京东"为用户提供更简单、快乐的购物体验"这一理念，这一新形象不仅是视觉形态的变更，更是品牌形象的提升。

2013 年 3 月 30 日，电商巨头京东高调地更换域名、LOGO 和 VI 系统，随之一只名为"Joy"的金属小狗空降互联网。它拥有独特的造型、金属的质感，让人眼前一亮，在互联网上掀起了阵阵热议。那么，这只金属小狗是怎样诞生的？

京东新形象和吉祥物 Joy 的诞生，经历了两个完善过程，历时 1 个多月。在众多的设计方案中，为什么会选择一只小狗作为吉祥物？其实，选择"小狗"作为京东形象，并非偶然。一次，刘强东去同学家里做客，在客厅里看到一盏欧洲进口的吊顶灯，整个吊灯是金属质感，有独特的金属光泽，站在某个角度看特别像一只金属的狗。回到公司后，刘强东将小狗吉祥物的想法分享给京东高层，而小狗又有着"忠诚"、"友善"的美好寓意，与电商希望传达的理念一致。于是，以狗为原型的设计想法在京东内部一致通过。

180China 的创意团队，在接到为京东设计一只小狗任务后，进行了详细的讨论，设计了许多小狗的形象。最后，一只身体前倾、嘴角微微上扬、温顺俏皮中透着亲切的小狗形象成型了。

在确定了"小狗"的形象后，为了另类且看着讨喜一些，他们便开始在小狗的材质上做文章。最后，确定用一种略带时尚感、科技感的金属——"钛金"，并为这只钛金小狗取名为"Joy"，也有"带给人喜悦欢乐"的意思，寓意"京东为用户带来快乐体验"。

180China 在完善京东吉祥物 Joy 的同时，结合京东更换短域名的契机，秉承京东简单、快速、可信赖、快乐的品牌形象，设计出了全新的京东 LO-GO。由此，一个崭新的京东形象，展现在广大消费者眼前。

京东新形象一经推出立即引发了网友的热烈讨论，京东字体的简洁设计和吉祥物 Joy 的可爱形象很好地体现了京东"为用户提供更简单、快乐的购物体验"这一理念，这一新形象不仅是视觉形态的变更，更是品牌形象的提升。

○产品线规划

传统的企业，产品线都会依赖 1/3 法则，即：低端惠民产品，主打产品，旗舰产品。当各企业将惠民产品与主打产品融合为爆品的时候，华润地产走了另一条发展道路。

华润置地致力在产品和服务上超越客户预期，为客户带来生活方式的改变。截至 2014 年 7 月，已经在北京、上海、深圳、成都、武汉、合肥等中国内地 26 个城市践行着高品质的理想，并形成了橡树湾学府系列、橡树湾英伦系列、凤凰城精品都市系列、百万平（方）米城中城系列、低密度大平层系列和特色高端产品六大产品线。

华润置地深度挖掘品质需求，从客户起居行为出发，为客户提供了从户型布局、器具配置到人性化收纳设计的增值服务。

对于消费者来说，产品规划如同指挥一个交响乐团，可以让林林总总的产品阵容像各种乐器一样绝妙组合在一起，演奏出让消费者心动的乐章；对于对手来说，产品规划犹如排兵布阵，可以让各系列产品如各路兵马般攻守兼备，招招制敌。

产品线规划的内容如下。

A. 产品类别划分和结构规划

产品阵容如果想发挥出军队一样的威力，必须要成行成队，将相应的产品线进行合理的类别划分，并针对各类别进行结构规划。

划分产品类别的标准有很多种，比如，以价格、以性能、以外观等。我们可以就多项标准对产品进行分析，多角度、系统性地规划产品结构。可是，将哪一项因素作为首要划分标准，对整个产品规划工作来说，具有举足轻重的导向性作用。

B. 产品系列化规划

面对琳琅满目的产品，消费者有时会无所适从。在面对纷繁复杂的产品信息时，如何让消费者理出头绪、最快地找到适合自己的产品，这是产品系列化工作所要完成的使命。

产品系列化工作需要打通从产品规划到开发制造，再到市场推广的各个环节。一个完整产品系列化规划的思路是这样的：首先，分析顾客的需求类型；其次，根据不同类型的需求特点，在产品的质量性能和外观造型上明确体现；最后，设定一个有一定层次空间的价格体系。

C. 产品职能定位规划

在产品阵容中，需要有不同的产品行使不同的市场职能，相互配合，系统作战，充分迎合（或引导）消费者的购买心理和行为，并打击竞争对手。

通过产品定位可以实现最有竞争力的价格体系优势，却不以牺牲利润为代价。概括起来，产品定位职能通常有以下几类：

a）形象机型。

高质高价高利润，销量约占总体10%，利润占20%。

其职能在于提升整个产品系列形象档次，引起消费者对整个系列产品的关注和好感，并满足高经济能力顾客的购买需要。由于购买高价位产品的顾客对价格并不敏感，因此可以适当提高售价，获取高于平均水平的毛利。一般情况下，形象机型的售价可以和竞争对手相应机型的价格持平或比之略高。

b）主销机型。

中质中价，中利润，销量占总体 50%，利润占 50%。

主销机型处市场主销价格区间内，拥有市场主流的性能配置，拥有与形象机型相近的外观或相似的卖点，但性价比更高。

c）辅销机型。

中质中价，中高利润，销量占总体 20% 左右，利润占 25%。

处于市场主销价格区间内，比主销机型的外形更为独特，或多一些附加功能，而成本没有明显增长，使毛利水平高于平均水平。

d）掩护机型。

中质中低价，限制销量，销量占总体 10%，利润占 5%。

与竞争对手主销机型的主要卖点（特点）或外观风格相同或相似，在价格上极力打压对手，形成同质低价之势，但在终端销售推广上极力贬低该产品，不建议顾客购买，动摇顾客对该种类机型的购买信心。

e）狙击机型。

低质低价，限制销量，销量占总体 10%，利润占 0%，狙击竞争品牌的低价策略。

以惊爆价、特价等形式在市场推出，通过超值低价吸引消费者的眼球。狙击机型在外观造型或性能配置上应与主销机型形成明显差异，在终端售点限制供货量，限制销售。

D. **产品线长度和宽度规划**

在这里，产品线长度是指最低和最高价所覆盖的价格区间；产品线宽度指在某一价位段所提供机型的款式数量。

产品过短过窄犹如兵马不足，不利于市场竞争；但产品线过长过宽，也会出问题！

首先，终端售点可提供的产品陈列空间是有限的，太长的产品线并不能在终端完全展现。

其次，顾客的注意力资源有限，产品线太长，顾客需花费更多的时间了解产品信息，增加了顾客的选购时间和选购的犹豫度，不利于实际销售成交。

最后，更重要的是，每一款产品的推出都需要在开发、生产、广告等各个环节付出相应的成本，产品线过长定然会导致总运营成本增长，但销售额和市场竞争力却不会同比例增长，超过一定的增长限度后甚至会成反比例增长。

因此，一个合理适度的产品线长宽度规划须在尽可能地提高市场竞争力的前提下实现成本投入和利润产出最优化，并考虑终端售点等限制条件。

E. 产品生命周期规划

产品从面市到退市之间所经历的过程，就是产品的生命周期。对产品生命周期的规划是对产品更新速度和节奏的把控。

一个产品的生命周期需要经历导入期、成长期、成熟期和衰退期四个阶段：新上市，处于导入期的产品能给市场带来新意和亮点，毛利丰厚却不一定能很快上量；成长期产品，销量上升很快，但却依赖不菲的市场费用投入；成熟期的产品，是整个销量和利润的支柱，但会面临价格吃紧、利润缩水的威胁；衰退期产品日渐式微，行将末路，在生命期的最后阶段却可贡献自己作为低价狙击竞争对手的绝好武器。

每一个（或系列）产品所处的生命周期阶段不同，在整个产品线中所起到的作用也不同。如何规划好各系列产品的生命周期，形成新老产品良性有序更替，是把控产品线整体节奏的关键。

○产品的价格规划

为了取得良好的营销效果，要合理规划好产品的价值，正确定价。如果忽视了这一点，会给产品的营销带来阻碍！

A. 定价技巧

一个美国商人从外国购进了一批做工精细、质量上乘的礼帽，为了有个好的销路，商人把价格定在和其他一般礼帽一样的水准，可销路并没有比别人的更好。他感到很奇怪，因为这批礼帽非常精致、漂亮。一天，商人生病了，他委托同样做小生意的邻居帮他代卖这些礼帽。邻居把商人写的价格 12 美元错看成了 120 美元，结果礼帽被一抢而空。

从这个故事中可以看出，商品定价不是越便宜越好，不仅赚不到应得的利润，还可能费力不讨好。商品定价是很有学问的，合理的定价可以让你获得更高的利润与市场认同。这里，有 8 个定价技巧，可以帮助企业在商品定价时定出最适合的价格。

a）比较定价。

参考替代商品价格定价是最简便可行的定价方式。市场中 90% 的商品都存在替代品，因此要参考替代品的价格，进行综合比较；如果是新产品且市场中没有替代品的，就要参照产品所在区域的经济水平，然后参考这个商品可以为顾客带来多大的价值再进行定价。

一个没有出租汽车的城市打算引进出租汽车，但不知道该怎样定价。于是，便参考这个城市其他代步工具（比如公共汽车）的价格、性能、便利性等因素。公共汽车的主要特点是：乘坐费用 1 元，不分距离，行驶固定路线，平均每 15 分钟一个车次，必须按站点上下车，卫生环境较差……而出租车则可以随时上下，可以按照指定路线行使……

综合比较替代品后，优势较大，但当地经济并不十分发达，价格定太高可能会使人们无法承受，最终把价格定在起价（2.5 公里）5 元，超出后每公里 1 元。这个价格既可以让区域内 30% 左右的消费者接受，还可以让大部分偶尔需要赶时间的人所接受。

b) 以价值为导向定价。

所谓以价值为导向定价就是，应根据为顾客所能创造的价值或顾客认为这个商品值多少钱定价。比如，奔驰汽车、劳斯莱斯汽车等，售价远高于成本，但如果按照成本法推算，售价也许会拦腰斩断，可销路不仅不会提升，反而会下跌。

因为这类车的价值不是本身的安全设施、真皮座椅、高档音响或外观设计，而是其代表拥有者身份、地位的价值。如果降价一半，就会失去其象征财富与地位的价值，有钱人就不会购买了；虽然降价一半，但价格依然远高于经济型车的价格，低端消费者也不会去购买。

c) 考虑对价格各种影响因素。

比如，市场需求、竞争对手、季节、政策法规等各方面，都会影响商品的定价。比如，平安夜销售的苹果，可以借助"平安"的口号提高苹果的价值，由此相对提高销售价格。在这一天，苹果的价格是平时的几倍，商家会多赚钱，消费者也乐于接受。

d) 定价的战略作用。

可以将商品价格定得很高，以差异于中低端市场，产生价值感与稀缺效应。劳斯莱斯曾经用高昂的价格控制拥有者的数量，让产品成为极少数人拥有的奢侈品，这种价格策略使产品的价值感大大提高，不仅赚足了暴利，还使消费者趋之若鹜。

e) 价格波动不可波及其他产品。

降价促销等调整产品价格行为一定要划分出清晰的界限，不要让模糊的降价影响了其他产品。涨价时，要明确区分开，不要给人"你的产品都涨价了或都很贵"的印象。比如，有家定位低端的饭店，为了获得更高的利润，推出了几款高价格的菜品，因为未做明显的区分，顾客便觉得这家饭店的菜都很贵。

f）差别定价。

为了不流失顾客，可以采用差别化定价策略，比如，以高价著称的星巴克咖啡店，为了不流失在意价格的顾客，推出了低价和特价的咖啡。

更常用的做法是，采用推出副品牌的方法，如丰田牌汽车定位中低端，为了抢占高端汽车市场，丰田公司推出了凌志等高端车型。丰田各品牌独立经营运作，彼此不会产生冲突及品牌形象的混淆。

g）模糊定价。

把一些畅销产品与一种或两种滞销商品进行组合定价销售，可以把高利润或附加利润隐藏在低价产品背后。

变换产品包装也可以模糊定价，比如，推出小包装产品，价格较低，会让顾客产生产品很便宜的错觉。其实，这样的产品利润更高。因为降低了购买门槛，很容易使顾客产生冲动购买欲望。

h）不要轻易变动价格。

要认清这样一个概念，降价不仅容易损伤整体品牌形象，而且一旦降价就很难再涨回去；涨价也容易降低消费者对品牌的好感度，甚至产生严重的拒买现象。但，并非绝对！很多商品通过涨价成功地提高了商品的价值感与品牌价值，而成功的降价也可达到大量销售及增强亲和力的作用，关键是要制定科学的定价策略并谨慎地进行价格调整。

B. 定价策略

制定价格不仅是一门科学，而且需要一套策略和技巧。定价方法侧重于产品的基础价格，定价技巧和策略则侧重于根据市场的具体情况，从定价目标出发，运用价格手段，可以适应市场的不同情况，实现企业的营销目标。

a）新产品价格策略。

一种新产品初次上市，能否在市场上打开销路，并给企业带来预期的收益，价格因素发挥着重要的作用。常见的新产品定价技巧和策略有 3 种：撇脂定价策略、渗透定价策略和满意定价策略。

撇脂定价策略，即在新产品上市初期，把价格定得高出成本很多，以便在短期内获得最大利润。这种定价策略的优点在于：新产品上市，需求弹性小，竞争者还没有进入市场，利用高价不仅可以满足消费者求新、求异和求声望的心理，还可以获得丰厚利润。

1945 年，美国雷诺公司从阿根廷购进了圆珠笔专利，迅速制成大批成品，并趁第一颗原子弹在日本爆炸的新闻热潮，将圆珠笔取名原子笔。

由于圆珠笔确实使用方便，免去了使用墨水笔的诸多不便和烦恼，短期内无竞争者能模仿，该公司每支笔制造成本才 0.5 美元，却以 20 美元的零售价投放市场。半年时间，雷诺公司生产原子笔投入 2.6 万美元，竟获得 15.6 万美元的丰厚利润。后来，竞争者见原子笔获利甚厚便蜂拥而至，原子笔价格不断下降，雷诺公司把每支笔价格降至 0.7 美元，给竞争者有力一击。

渗透定价策略，就是把新产品的价格定得较低，使新产品在短期内最大限度地渗入市场，打开销路。这一定价策略的优点在于，能使产品凭价格优势顺利进入市场，并且能在一定程度上阻止竞争者进入该市场。

满意定价策略，这是一种普遍使用、简便易行的定价策略，可以兼顾到生产者、中间商、消费者等多方面利益。即将产品的价格定在一种比较合理的水平，使顾客比较满意，企业获得适当利润。

1989 年夏季，由美国可口可乐公司与杭州茶厂合资组建的中华食品公司开始灌装供应"雪碧"，把许多国产饮料挤出了市场，甚至一些"正宗进口"的洋饮料也甘拜下风。是什么原因使"雪碧"获得这样的成功？

为了占领杭州饮料市场，中华食品公司采取了多种策略，包括产品策略、分销策略、广告促销策略等，其中，价格策略的成功是"雪碧"成功的不可忽视的重要因素。

针对大众消费水平，"雪碧"价格确定在每瓶 0.65 元，介于国产普通汽水和进口易拉罐之间。当时，国产汽水每瓶 0.45 元，但口味不及"雪碧"；进口饮料如"粒粒橙"每罐 3.4 元，不是一般人所能问津的。结果，价格适中、切合大众消费需求的 0.65 元很受欢迎！

b）价格变动策略。

对于提价，为了防止顾客不满，企业要注意采用一些技巧。

一是避免全面涨价。对于咖啡店来说，具有代表性的商品是咖啡和红茶，其中一个涨价，另一个就要保持原价，以缓解顾客的不满，让顾客慢慢地适应。

二是把明涨变为暗涨。比如，把包装里食品的分量减轻，而袋子的大小保持不变，价格也不变。顾客的注意力通常集中在价格上，而对袋子里装多少东西则不太注意。

三是总费用不涨。顾客虽然关心产品价格变动，可是更关心取得、使用和维修产品的总费用。因此，如果卖主能使顾客相信某种产品取得、使用和维修的总费用较低，那么就可以把价格定得高一些。

c）系列产品定价策略。

系列产品是指企业生产的产品不是单一的，而是相关的一组产品。企业在考虑制定或调整某一产品价格的时候，不仅要考虑调价对该产品本身利润和成本的影响，还要考虑由于这种产品价格或变化，对其他相关联产品的利润和成本的可能影响。

一是产品线定价策略。一般来说，产品线的两个终端价格比系列中的其他产品的价格更能引起消费者注意。低端价格一般是最常被人们记住的，所以常常被用来作为打开销路的产品；高端价格意味着整个产品线质量最高，也十分引人注目，对需求具有指导、刺激作用。

二是替代产品定价策略。替代品是能使消费者实现相同消费满足的不同产品，它们在功能、用途上可以互相替代。假设 Q1 和 Q2 是一组替代产品，提高 Q1 的价格，Q1 的需求量就会下降，对 Q2 的需求量却会相应地上升。企业可以利用这种效应调整产品结构。

三是互补品定价策略。互补品指的是，在功能上互相补充、需要配套使用的产品。利用这种互补效应及主次件的关系，可以降低某种产品尤其是基础产品的价格以占领市场，再通过增加其互补产品的价格使总利润增加。

柯达公司以物美价廉的照相机吸引消费者，同时生产较其他牌号昂贵得多的柯达胶卷，相配使用效果极佳。柯达相机利微，但在柯达胶卷的厚利下得到弥补。

d）折扣定价策略。

长期以来，折扣一直被企业作为增加销售的主要方法之一，是企业常用的定价策略。一般有下列几种折扣方式。如表 2 – 1 所示。

表 2 – 1　常见折扣方式

方　式	说　明
现金折扣	这是企业给当场付清货款的顾客的一种奖励。这种折扣的大小一般要根据提前付款期间的利息和企业利用资金所能创造的效益来确定
数量折扣	企业给大量购买产品的顾客减价，有两种：一种是累计数量折扣，即在一定时间内，购买总数超过一定数额时，按总量给予一定的折扣；一种是非累计数量折扣，顾客每次购买达到一定数量或金额时给予一定的价格折扣
业务折扣	生产者根据各类中间商在市场营销中所担负的不同业务职能和风险的大小，给予不同的价格折扣
季节折扣	企业给那些购买过季商品或服务的顾客的价格优惠，鼓励消费者反季节消费，使企业的生产和销售在一年四季保持相对稳定

e）心理定价策略。

所谓心理定价策略就是根据消费者购买商品时的心理对产品进行定价，主要种类有以下几种：

一是声望定价。所谓声望定价是指利用消费者仰慕名牌商品或名牌商店的声望所产生的某种心理制定商品的价格，故意把价格定成高价。

二是尾数定价。根据消费者习惯上容易接受尾数为非整数的价格的心理定式，制定尾数为非整数的价格。比如，小米刚上市就是 1999 元；某空调机的价格定为 3999 元，而非 4000 元。虽然只是 1 元的差别，但给消费者的心理感受是不同的。

三是招徕定价。利用顾客求廉的心理，特意将某几种商品的价格定得较低以吸引顾客，从而带动顾客选购其他正常价格的商品。

○产品的品牌故事制造与方法

所谓产品品牌故事就是品牌创始人以一个恰当的理由，在一个巧合的时间，通过一个独特的视角去做一个正确而又好的事情。品牌故事一旦确定，就会成为品牌最为核心的内涵。

在犹太教教义中有这样一个故事：

真理赤裸着身子，冷得浑身战栗，到村子里寻求帮助。可是，每家都将她驱赶了出来。她赤裸的样子使人们感到害怕，只好蜷缩在一个角落，瑟瑟发抖。这时候寓言发现了她。寓言很同情她，便把她带到自己的家中，用故事把她装扮起来，使她感到温暖，然后把她送出去。真理穿上寓言的"故事外衣"后，又一次敲响了村民的家门，结果被热情地迎进了屋里。人们邀请她和他们一起在桌子上吃饭，用他们的火炉温暖她冰冷的身躯。

这就是故事的力量！

任何人都喜欢听故事，人都是在故事中成长、发展的。小时候我们听父母讲故事；长大了听老师讲故事；走入社会，听朋友、同事讲故事。同时，我们自己也越来越会为别人讲故事。其实，一个好品牌就是一个最会讲故事的品牌！

提起丰田，我们就会记起丰田喜一郎"执着追求"的故事：

1930 年，63 岁的丰田佐吉去世，他留给子女一家拥有近万名员工棉纺厂。他的子女本应可以过上无忧无虑、其乐融融的幸福生活，但丰田喜一郎对汽车很感兴趣，并且感到这一新兴行业具有广阔的发展前景。于是，他继承了父亲的"研究与创造"精神，舍弃了优越的贵族生活，开始研究汽车方面的知识。1933 年，丰田喜一郎获准设立汽车部，并将一间仓库的一角划作汽车研制的地点。1935 年，第一辆"丰田 GI"牌汽车在汽车部诞生；第二年，丰田 AA 型汽车问世；1937 年，丰田喜一郎将汽车部从公司独立出来，"丰田自动车工业株式会社"从此踏上了自己崭新的历程。

无独有偶！

王石讲了一个登山的故事，为万科节省了上亿元的广告费；海尔只讲了一个砸冰箱的故事，让人们认识了海尔，相信了海尔产品的品质；冰冷的钻石讲了一个爱情故事，便俘获了千万少男少女的心。

品牌故事是一种比广告更高明的传播形式，它是品牌与客户建立情感的桥梁和纽带。似乎每个品牌背后都有一个精彩的故事，凡是成功的品牌，都很擅长讲故事。那么，如何打造产品的品牌故事呢？

A. 故事内容的设定

品牌一定要讲述一个故事，有历史讲历史，没历史谈未来；不想说未来的，就谈点趣闻逸事。品牌核心故事一旦确定，就不用再改了。在常规的品牌营销过程中，一定要将原材料的差异化、生产过程的差异化、历史的差异化、感情的差异化、身份表达的差异化、对未来蓝图的差异化、价值观的差异化表达出来。这属于定位最核心的差异化。

常规的品牌内容传播有：

企业高管的动态，人物观点。比如，企业重大的正式活动，团队活动（让企业获得更大存在感）。

产品相关。比如，功能、性能、原材料、生产过程、工作原理、技术原理、技术实现、工艺水平、产品档次、产品寓意、使用人群、产品历史背景（讲述产品的优秀与卓越）。

第三方故事。比如，使用过程中的故事、消费者的评价（伪造故事，强调使用人群多、使用人群满意）。

社会热点。比如，入室盗窃类事故、安防行业（在热点中，提出告诫，祈祷）。

技术帖。比如，防范小偷类、防范入室盗窃类。

传播的过程中使用的形式有微博段子、新闻报道、软文普及、故事会、小说、电影和明星海报……

品牌是消费者在看到你的名称、标识或产品时所想到的东西。刚开始时，会出现各种各样的假设和不确定性阻碍潜在客户和你进行合作。但是，有了引人入胜的故事和强有力的价值的帮衬，就能打造出一个比任何竞争对手存在得更长久的品牌。

B. 将品牌概念变为脍炙人口的故事

那么，如何才能让一个品牌的概念变成一个脍炙人口的神话、一则人人传颂的故事呢？不仅需要始终如一地传达品牌故事，还少不了"市场影响者"的理解和推广。

a）定义你的客户群。

这个问题简短而又甜蜜，比如，你想要触及哪些人？哪种内容最能在他们之中引起共鸣？他们所关注的是什么价值？它是如何形成的、如何发展的？又包含了哪些人物？带着这些问题，为你的品牌打造一个故事。

b）品牌形象前后一致。

这是内容的强项。要用内容加强你的品牌承诺、让消费者知道你做了些什么，并让他们因购买你的产品感到舒适。通过思想领导作品来展示你的品牌专长，也是一种构建信任的方法。署名作品能展示你的个性、幽默和机智——这是网站文章或新闻稿所达不到的效果。

c）坚持不懈。

爱德曼公关公司的一项调查显示，64%的消费者需要从一家公司听到同样的信息 3~5 次后，才能相信其中传达的意思。在你的战略中，内容必须是经常性的东西；必须在你的品牌基础之上不断进行传递，并加强品牌所传达的信息，让你的品牌深深地印在大众的脑海中。

2. 品牌的建立与系统化管理

○如何快速传播与维护品牌

品牌建立的过程就是传播的过程。如何在品牌传播的过程中，让信息变得可信？这里涉及媒体公关。

iPad2 的成功发布，引发了又一波媒体的热捧，各媒体都是关于乔布斯和 iPad2 的报道。可是对于苹果公司（以下简称"苹果"）来说，这已经是司空见惯的事情了。从 iMac 到 iPod，从 iPhone 到 iPad，每次苹果的新闻发布会都能引来媒体的追逐。在"拜苹果教"看来，日益消瘦的乔布斯是一个类似于耶稣一样的神，而乔布斯每次发布的产品，自然是流行一时的"圣器"。

我们现在来回顾这一段历史，这一波媒体报道浪潮过去不久，苹果的旗舰店门口挤满排队的人群，苹果赚得盆满钵满。

随着产品种类的极大丰富，一款产品成为一种社会现象的情形已不多见。很多人要问一个问题："为什么大多数企业做不到的事情，苹果和乔布斯可以做到？"

其实，所有这一切都不是偶然，而是精心筹划的结果！iPad2 发布会至少能给我们几个重要启示：产品自己会说话；企业创始人（最好是明星企业家）是最好的产品代言人；产品发布会是一个重要的公关机会；通过公关让产品成为公共话题，建立品牌的可信度和美誉度；通过广告强化这种可信度和美誉度；通过渠道去推动产品销售。从这六点看来，苹果都做得非常出色！

伟大的营销离不开伟大的产品；伟大的产品则基于能唤醒人的情感，并在人的心智中牢牢地占领一个定位。无论是 iPod、iPhone，还是 iPad2，都开创了一个新的产品品类，而且在这个细分市场中牢牢地占据了第一品牌的形象，赋予了产品"人性化"、"用户体验"和"时尚"等唤醒人类情感的元素。

有了一款好产品，就有了"引爆流行"的必要条件。每次苹果发布新品之前，总有一些亦真亦假的产品细节被透露出来，这些信息是不是苹果有意透露出来的不得而知，但确实可以吊起很多人的胃口。然后，乔布斯在产品发布会上，会以极富魅力的方式演示产品，所有的科技媒体都会跟进、加以报道。这就是公关的魅力！

不可否认，乔布斯不仅是一个产品体验和设计的高手，而且是一个公关高手。他能准确地捕捉最能打动消费者内心的元素，而且把这些元素融入产品设计中。当大众都在谈论苹果的产品时，已经为产品推广建立了一种很高的"势能"。

随后，苹果通过广告把这些公关传达出来的产品定位传达给所有消费者。苹果的广告未必多么有创意，但诉求点正好迎合了公关传达的品牌定位，强化了消费者对苹果的品牌认知。相比较而言，现在大多数广告太强调创意，而忽视了产品本身的定位，结果很多消费者记住了广告，但没有记住产品。好的广告不需要多有创意，而在于强化定位形象。

广告是如何维护品牌的？以定位为核心，进行广告的创意传播，广告就是在维护品牌。比如，沃尔沃历年关于安全的传播。而违背定位的广告，只会损害品牌形象。

品牌是企业和顾客沟通的最有效、最忠诚的载体，一直以来都备受重视。但品牌竞争力的形成不是一朝一夕之功，如果缺乏必要的前瞻性维护，在市场竞争中就会扮演夭折的角色；如果缺乏对品牌理性建设的准则，一味地贪大求全，反而会被市场湮没。由此可见，现代市场竞争中，品牌的维护是异常重要和必要的！那么，如何才能维护和传播品牌呢？

A. 了解品牌的价值核心

广告投入引导消费者对品牌进行认知，企业文化塑造使得品牌深度得以扩张并趋于人性化，品牌竞争力分析会使品牌的内涵得以转化为营销力，帮助企业达到市场或利润最大化目标。品牌一旦为消费者所广泛称道，就表示该品牌已经具有了一定的忠诚顾客群，有了无形价值。例如，可口可乐总裁曾宣称，即使可口可乐在全球的所有工厂一夜间化为灰烬，只要拥有可口可乐的品牌使用权，就可以在最短的时间内使可口可乐再度辉煌。

显然，可口可乐的品牌是具有价值的品牌，是可以出让的无形资产。品牌建设具有一定的成本性，企业在进行产品推广时必须要充分考虑品牌的维护，特别是拥有庞大产品群的品牌，很可能会因为一个微波炉的质量缺陷，而引发顾客对其品牌下诸如电视机、电冰箱等全线产品的信任危机，危害到市场。要想杜绝这种多米诺骨牌现象的发生，必须慎重掌控产品线的延伸跨度，把品牌延伸到自己拥有技术或市场核心竞争力的产品线上。

B. 客观进行品牌细分

与产品一样，品牌也存在着同质化现象，企业赋予品牌的只是臆造的所谓内涵。如现在很多的地产公司，所售卖的房地产项目的全部诉求是"居住"这一基本功能，而没有很好地体现项目的附加值。当然，一些眼光比较独到的开发商，已经开始关注诸如环境、交通、教育、人文、升值等附属特征，并极力推崇，在开发成本相同的情况下，楼盘收益得到明显改善。

这种现象说明，不管在任何市场，企业不是没有作为，而是没有真正了解品牌建设的趋势，没有认清品牌也可以用细分法则促进销售。

C. 理性地进行品牌延伸

如果企业谙熟市场营销法则，就可以同时运作几个品牌，因为市场细分概念得到了广泛的认同。例如，宝洁公司，洗衣粉的汰渍和碧浪，洗发水的飘柔、潘婷、海飞丝、沙宣等。不同品牌针对不同细分市场下顾客需求的异质性，满足了各类需求，达到了垄断或市场最大化目的。

市场是动态性质的发展，对于品牌应有后面的系统化管理。随着市场不断被细分，价格区间不断重新界定。大众的车型进行了不断的细分，甚至还出现双胞胎竞争战略。帕萨特与迈腾对应的其他车企也差不多：同平台，不同价位；同平台打造，定位不同。

D. 品牌属性和新品牌策略

品牌的系统管理包含对品牌固有的信息维护与品牌系统的再改造。

a）品牌系统的再改造。

20 世纪 80 年代以前，美国消费者认为，日本是绝对不可能有高档车的。虽然日产、本田、丰田在美国占有一定的市场份额，但都是中低档车市场。一直以来，在消费者眼里，日本车都是经济适用型的印象，这使得它与豪华车市场失之交臂。

可是，随着美国经济的发展，高档车这个细分市场迅速升温，而对于日本汽车厂商来说，不抢占这个市场就是傻瓜。当时，日产汽车最好的品牌是蓝鸟，而且基本上都是销往汽车工业极端薄弱的中国，要想抢占美国市场，必须开发新品牌，走出美国人对日产汽车现有品牌的低档模糊印象，于是全新高档车品牌——凌志出现了。

凌志一上市，就着重对 Lexus 的豪华进行了宣传，只在很小的地方标明是日产，慢慢地，美国人接受了 Lexus 这个新豪华车品牌，Lexus 的新品牌策略得到了巨大成功。

　　b）品牌的大众化改造。

　　对利益最大化的永恒追求——让品牌堕落。用名声换大钱的"策略转型"在成衣行业很常见。一个成衣品牌的历史可以上溯到英国人在 1883 年开设的裁缝店，"宾奴"诞生的时候，就是只为富人（统治阶级）服务。

　　从 20 世纪 60 年代开始，"宾奴"在台湾言情小说里频频出现，带着光环进入文学世界；作者愿意用它表示角色的家势、高品位，把它作为"高尚人群"的标签。"宾奴"的高端品牌形象确立了，堪与"宾士"（奔驰的另一个译名）相媲美。20 世纪 90 年代，新乐章开始，策略转型——"宾奴"从云端落在地上，它就是"班尼路"。

　　从"宾奴"到"班尼路"，仔细追究起来，贵族色彩并不能排除平庸化。其实，"宾奴"的平庸化从采用工业生产取代裁缝店就已经开始了，变成"班尼路"只是用"平庸且大众"取代"平庸且贵族"而已，两者没有高下之分，目的也完全相同，即挣大钱。

E. 诉求确定品牌属性

　　劳斯莱斯汽车的诉求是什么？尊贵、独一无二；奔驰则主张豪华和科技；沃尔沃则以安全著称，诉求是"世界上最安全的车"；保时捷作为跑车，更注重的则是速度所带来的全新感受和驾驶乐趣。可以看见，不同品牌的汽车，其品牌属性大相径庭，没有任何一款汽车是全能的。

F. 巧妙的品牌联动策略

　　一个品牌被广泛使用在旗下的所有产品上，通过品牌的影响力感召力，迅速占领市场，不失为良机妙策。只不过，由于担心把所有鸡蛋放在同一个篮子里的风险，考虑到自身的抗风险能力，很多厂家还是慎用这一法则的。

　　品牌联动策略考虑得比较周全，例如，福建的著名品牌"七匹狼"，既是龙岩卷烟厂的著名品牌，也是"七匹狼"服饰的著名品牌。这两个品牌同舟共济，相得益彰，但又各自具有一定的抗风险能力。无论是"七匹狼"卷烟或者服饰发生了经营或品牌危机，对另一方的影响都不是很大，只要稍做公关就可以化险为夷。

G. 品牌内涵推敲

品牌维护的先决条件是，企业必须客观地认识自身的品牌内涵。

杉杉是国内一个著名的男装品牌，有着很高的美誉度。作为著名的服装公司，杉杉集团却对杉杉延伸至女装品牌进行了反复推敲。

经过大量的调查认证，发现"FIRS"的中文译名"杉杉"更适合男性服饰的广告诉求，于是在女装品牌上就有了"杉杉"的新译名"法涵诗"，并很快成为女装市场的一朵奇葩。

杉杉集团对品牌内涵的深度掌握和维护是值得称赞的，如果武断地将"杉杉"延伸至女装品牌，市场反馈难以想象。

H. 建立自己的品牌

什么样的品牌最长久？实际上并没有最长久的品牌，除非拥有品牌的企业每时每刻都在维护自己的王牌。品牌的建立需要不间断地进行宣传，这其中包含了公共宣传。

公共宣传不完全是进行广告的狂轰滥炸，也不是一厢情愿地标榜自己的"最好"，而是让顾客随着时间推移而对品牌有更加全面和深刻的认知。

有人说，正确的品牌宣传应该是一种草原现象，没有人留意草的生长，当你发现时，往往已经是广袤草原了。由此可见，品牌维护是从品牌诞生伊始的一项长期性工作，任重道远。

○品牌危机管理

一个品牌的成长壮大或许需要几年甚至几十年的辛勤努力，可是一个品牌的倒塌也许仅在一瞬间，可能仅仅因为一个小环节、一次危机没有处理好。

当今的商场如同是一个包含无数未知因素的魔方，危机四伏。据美国公关专家对部分著名公司的调查显示：80%的企业管理者认为，企业发生危机如同死亡、税收一样不可避免；14%的企业承认，曾经经受过重大的危机。

可见，危机对于企业来说，并非偶然的不幸遭遇，而是普遍存在的现象。国外一些著名企业认识到了危机的普遍性，甚至把危机视为企业生存的压力，增强自己的忧患意识。比尔·盖茨就告诉他的部下："微软距离破产只有18个月。"

没有过不去的火焰山，但有过不去的品牌危机。近年来，企业品牌危机频频爆发，令人扼腕！比如，"锅王"胡师傅"无烟锅虚假宣传事件"、LG的空调"翻新事件"、西门子"贿赂丑闻"、肯德基的"苏丹红一号"事件、宝洁的"SK-II事件"、雀巢的"碘超标事件"、"欧典事件"等。

企业面对突发的危机事件，如何临危不乱，化险为夷，寻找转"危"为"机"之道，这是危机管理的精髓。个人以为，企业要成功应对危机事件，应遵循以下定律。

定律一：态度决定一切。

人非圣贤，孰能无过？这个世界没有完人，自然也没有完美的品牌。企业在运营过程中犯下这样或那样的错误在所难免。可是，关键是错误出现以后，企业以何种态度面对错误。处理危机事件，事实固然重要，但态度才是关键！

一个敢于承认错误、勇于承担责任的企业，不管它做错了什么，都会赢得消费者的同情和信任，其形象不仅不会受到损害，反而会有所升华！许多危机成功的案例显示，企业在危机事件中的诚恳态度，不仅会化解掉一场灾难，而且化被动为主动，化"危机"为"机遇"，使企业获得新的发展机会。

如果担心危机事件曝光后会毁掉自己苦心经营的品牌形象，采取隐瞒、掩盖、敷衍、"无可奉告"等愚蠢的做法，结果只能是适得其反，雪上加霜。要明白，在危急时刻，公众对企业的反应高度敏感，任何敷衍、傲慢、推卸责任的言行都可能激起公众的愤慨之情，使事态进一步恶化，一个被消费者憎恶抛弃的品牌其实一文不值。

2001 年中秋节前，媒体曝光了南京冠生园将陈馅翻炒后再制成月饼出售的事件。当天，冠生园月饼被各地商家撤下了柜台。很快，江苏省和南京市卫生防疫部门、技术监督部门组成调查组进驻该厂实施了调查，该厂被全面停产整顿。尽管有关部门后来通知商家，南京冠生园的月饼经检测"合格"，可以重新上柜，但冠生园月饼再也销不动了。

南京冠生园被逐出了月饼市场，公司的其他产品如元宵、糕点等也受到"株连"，没人敢要。从此，南京冠生园一蹶不振，2002 年 2 月 4 日向法院提出破产申请。顷刻之间，一家具有 70 年历史的知名老字号企业倒下了。

其实，仔细研究起来，南京冠生园的破产就是信誉的破产。以牺牲信誉为代价攫取利益，无异于杀鸡取卵。媒体曝光只是一条导火索，其信誉缺失，早晚都会出现这样的结局。

定律二：速度就是生命。

危机处理的难度与危机处理的速度成反比，速度越快，损失越小。中美天津史克制药有限公司总经理处理"PPA 事件"时说："时间就是我们最大的敌人，拖得越长，产生的负面东西越多。"

企业危机一旦爆发，往往会成为公众和媒体关注的焦点，如果此时企业反应迟钝，不能迅速查明真相，并在第一时间给公众和媒体一个解释，一方面，会让公众感觉企业管理效率低下，不敢直面危机，逃避责任；另一方面，信息真空有可能会被误解、猜测、流言所占据，使问题更加复杂。相反，如果企业能在第一时间做出正确的反应，以最快的速度表明企业姿态，则会化解公众的不满情绪，进而获得公众的理解和信任。另外，以最快的速度遏制危机，往往成本较低，效果也较理想。

2013 年 4 月 10 日，《京华时报》发表了"农夫山泉被指标准不如自来水"的文章。文章称农夫山泉执行的产品标准——浙江标准 DB33/383 中，镉、砷等毒理性指标均宽松于国家瓶（桶）装水卫生标准和自来水标准。该媒体在随后近一个月，对此事件进行了大量报道。

4 月 11 日，农夫山泉针对《京华时报》的"标准门"报道在其官方微博做出了"激烈"回应，不仅称其产品品质始终高于国家现有的任何饮用水标准，还远远优于现行的自来水标准。

4 月 14 日，农夫山泉公布了多个厂区出产的瓶装水总砷、镉、硒、硝酸盐、溴酸盐五项检测数据。仅从检测数据来看，的确比浙江省天然水标准、瓶装水国家标准、自来水国家标准要严格得多。

针对危机处理，有管理专业人士提出了"5S"原则，其中之一就是速度第一！农夫山泉被媒体曝光后，一直保持沉默，后来，才在官方微博做出正式回应，显然延误了危机公关的最佳时间。

定律三：让权威机构说话。

许多企业身陷危机之后，特别是"质量门"危机，第一反应是想尽快澄清事实，还我清白。可是，自我辩解往往难以证明清白之身，有时还会越描越黑，引起公众的反感。

道理很简单！任何危机事件当事人的自我辩解都有罔置真相的嫌疑，包括利益相关者如品牌代言人、企业资助方等。正如运动员不能兼裁判员一样，这些人的辩护都是苍白无力的。无数的危机公关案例证明，真正能澄清事实的，不是当事企业自己的百般辩护，也不是企业与媒体的口水仗，而是权威机构的声音。

权威机构以其自身的威信以及第三方的身份，足以消除公众的所有疑惑。

可以说，权威机构的一句话胜过企业的一万句。那么，谁代表权威机构？质量检测部门、主管机构、监管机构都是，新闻发布会有权威机构的参与才最有说服力。

通常要求企业在危机第一时间发出声音，主要是表明自己主动承担责任的真诚态度，为以后的措施作辅垫，而并非苍白无力的自我辩解。对一部分企业来说，即使无法得到权威机构的声音，也可以配合权威机构的调查，撤回问题产品，这样更能取信于人。

定律四：一个声音对外。

危机发生后，企业应该明确谁来说、如何说，内部应确定一个发言人，让企业统一口径，统一行动，以一个声音对外说话。多个声音、多种口径对外，往往会失控、失序，甚至自相矛盾，加重公众的疑惑，使问题复杂化。

发言人最好由公关部经理或相关副总裁担任，这样也是为企业留有回旋和调整观点的余地，除非大局已定或者情况非常严重，一般不主张企业最高层的董事长或者 CEO 出面。

定律五：全员同心协力。

"员工不过是企业的雇工，企业与员工的关系不过是纯粹金钱与劳务的交换关系。"这种早期资本积累时期的思想已过时了！

面对危机，员工不应是危机的旁观者，而应该是危机参与者。因此，应该保持与员工的良好沟通，让全体员工享有知情权，听取员工的意见和建议，赢得全体员工的协力支持。如果企业得不到内部员工的大力支持，甚至祸起萧墙，自乱阵脚，是很难渡过难关的。

3. 招商体系管理

○招商系统有哪些具体内容

"招商"这个词，最初是政府行为，那个时候称为招商引资，后来被运用到企业中。作为企业，如果进行招商加盟了，需要配置哪些"武器"，配置哪些人力资源呢？

A. 确定适合自己的目标招商群

新产品上市以后，要根据产品的市场定位、产品特点、渠道特点等确定适合自己的经销商目标群。要注重企业的长期发展，提高经销商的运作市场经营能力。

招商是一个双向选择的机会，就如同谈恋爱一样，要求两情相悦。如果经销商选择不当，在以后的市场经营就会对市场的正常运作造成巨大影响。如果销量上不去，经销商一味地向厂家要支持，而厂家又给不了经销商过多的支持，合作就会脱节，导致经销商"死亡"。经销商倒下了，会给企业带来恶劣影响。

一般来说，每种产品进入一个地区所设的经销商数量都是有限的，一旦经销商倒掉，企业在该地区就会丧失市场，要想重新进入该市场就不容易了。虽然是由于经销商的个人原因造成的，可是人们不明真相，对产品就会失去信心，想再开发新的经销商就难了。因此，对企业来说，失去的不是经销商，而是整个区域市场。

企业在招商时，对于经销商的选择要有针对性，一定要结合自己的实际需求，做好充分的市场调研和分析，确定适合自己的经销商范围，进行有针对性、有选择性的招商。

通常，企业对经销商范围的确定方法有以下几种：

a）竞争对手的经销商。

竞争对手的经销商通常都对该行业、产品和市场运作比较熟悉，企业可以利用其在这方面的优势快速启动市场。也因为这个原因，要想将竞争对手的经销商变为自己的经销商并不容易，但依然可以通过以下方式实现：

一是经营状况不良的经销商。对于这类经销商，首先要确定其业绩不良的真正原因：是由于厂家的支持不够，还是由于厂家自身经营不善，而非经销商自身原因造成？当经销商对竞争对手失去信心的时候，就可以说服他们放弃竞争对手，成为你的经销商。

二是经营状况良好但对厂家不满的经销商。此类经销商经营状况良好，虽然销量不错，可是由于厂家的承诺实现不了，使经销商的利益不能保障。这时候，就可以说服他们放弃竞争对手，成为你的经销商。

三是经营状况良好对厂家也很满意的经销商。这类经销商对竞争对手有较高的忠诚度，可以利用与部分对手的价格差异，说服他们另开一家店。由于两个产品的价位不同，所面对的目标消费群不同，不会对原店构成威胁，对经销商来说是一件两全其美的事情。

b）相关产品的经销商。

相关产品指的是与企业产品有关联或经销方式类似的产品，比如，保健品与医药、食品与饮料、太阳能与水暖器材、自行车与摩托车等。这些产品的经销具有相关性，产品的经营方式也相似，因此经销商通常较容易介入。

这类经销商具有一定的销售经验，具有较强的经销意识，有一定的经济实力，而且在招商时也比较容易找到，应该是企业招商的重点之一。

c）有闲置资金的潜在经销商。

这部分经销商有一定的资金实力，同时又有投资的欲望，也可以成为企业的目标经销商。虽然他们缺乏行业知识和产品的经销经验，可由于是初次涉入一个新行业或初次经商，往往做事特别认真，只要具有一定经销的意识，经过厂家的培训与指导后，可以迅速成长为优秀的经销商。

B. 采用正确的方式去找

企业在确定了自己的目标招商群以后，接下来要做的是把这部分人找出来，做他们的思想工作，说服他们经销你的产品。那么，如何才能快速、高效、低成本地将这部分人找出来呢？应根据不同的目标群体采取不同的寻找方式。

a）广告招商。

广告招商是常见的一种招商方式，主要是通过各种广告媒体将企业的招商信息传播出去，通过电话、传真、信件等方式收集客户资料，通过进一步谈判，引导人们经销本企业的产品。这种招商方式主要适应于业务人员相对较少而又需要快速地开发市场的企业。其优点就在于，传播面广，能够找出很多业务人员无法找到的潜在经销商。

b）业务员走访招商。

业务人员走访招商是最直接的一种招商方式，它主要是在企业确定招商群体后，针对竞争对手和相关产品的经销商有目的地进行走访和沟通，传达企业的招商信息。

这种招商方式主要适应于新品上市初期和市场开发阶段，这时候企业实力相对较弱，对于没有经销经验的潜在经销商，企业的后期培训和指导跟不上。因此，可以安排业务人员对目标招商群进行有针对性的、快速的走访。

这种招商方式针对性强，经销商的经销能力较强，见效速度快，可以节省大量的广告费。

C. 如何让经销商愿意做

无论是哪一种招商方式，其最终目的都是将招商信息传播到目标招商群中。在招商信息满天飞的今天，人们的投资也日趋理智，不是招商信息传播出去就万事大吉了，还要做大量的工作。那么，如何才能快速、有效地让经销商放心地经销企业的产品呢？

a）明确招商的目的。

企业的状况不同、实力不同、招商的目的不同。在进行产品招商之前，明确招商目的，有利于招商策划的进行。招商的目的一般分为四种：一是回笼资金，缓解压力；二是建立新网络，开辟新市场；三是打击竞争对手，扩大市场占有率；四是巩固老市场，增加竞争力。

招商的根本目的是占领市场，争取消费者，使产品快速上市。明确招商的目的，有助于制定招商策略，不至于出现"两眼一抹黑"的现象，盲目投入招商。

b）选择合适的招商方式。

广告招商是最常用的一种方式，广告招商的最大优点是能够把产品信息和招商信息传播出去，引导人们经销自己的产品。

投入大量的广告招商一般适合于快速消费品，面对的人群比较广，产品本身涉及的消费者也是大众群体；一些化工行业或者机械等重工业，面临的经销商和消费者都相对集中和固定，不需要大面积、大投入、大众媒体的投放，要靠人员的推广和产品的本身利益带动。

企业产品在没有任何知名度的情况下，做大量广告招商效果未必好，因为经销商和消费者不了解产品，尤其是经销商不敢冒险大量经销产品；在具有知名度的前提下，广告招商容易得多，经销商敢于经销。企业品牌具有很高的知名度和美誉度后，只要利用好与经销商的关系就能实现招商的圆满完成。

c）延续招商成果。

经过前期的准备，到真正开始招商活动后，企业该如何留住经销商，并发展成为自己的合作伙伴？经销商关心的无非是给予他的利益分配，现在处于买方市场，经销商的素质参差不齐，他们对于利益非常看重。企业要变换一种思路，对经销商的门槛设置一定的限制，签订合作协议书，双方在有共识的基础上进行合作。

让经销商对企业、对产品、对企业文化有充分的了解，建立相互信任的基础，才能够取得长远合作。

○ 渠道扶持系统

经商的结果就是渠道！渠道需要一整套的扶持，如此才可以得以生存和发展。那么，如何来扶持渠道呢？

A. 选址支持

企业渠道规划涉及遍布城乡的便利店或专卖店，这些店铺的选址是渠道规划的关键。这时候，企业要帮助渠道积极选择地址。主要涉及的内容有各商圈内常住人口数、户数、人口来源、收入水平、就业位置、主要职业、主要购物场所；各商圈内机关团体、学校人数、集体就餐人数、收入水平、以往购物去向；各商圈内竞争店、农贸市场、餐饮业营业面积、销售额、经营品类、基本特征；业态、营业面积、结构、客流量、客单价、日均销售额、价格水平、企业性质、经营项目；店铺客流情况、门前客流及车流情况、各时段客流的构成、购买商品构成及大体单价。把以上的情况都调查清楚了，然后再根据已选定项目的可操作性、操作情况而确定出合适的店址。

B. 全年度主题营销活动支持

在每年都会有各种各样的节日，比如，春节、情人节、妇女节、五一劳动节、儿童节、教师节、中秋节、国庆节、元旦等。这些节日是人们非常看重的，尤其是国家调整了统一放假时间，每到这些时候，人们都会进行大量的消费。这样，就给各商家提供了商机。众商家都会利用这些时间安排一些主题性的营销活动。而事实证明，这样的活动往往都会取得理想的效果。采取的方式有以下几种：

限时特价。例：凡是国庆期间到此购买，均可享受 8 折优惠！

凭证优惠。例：凡是儿童节期间，凭借现金券、优惠券，即可享受对应价格优惠！

联合促销。例：凡是到××门业，购××门，到本地购买××智能锁，即可享受××折！

买赠促销。例：凡是三八妇女节期间，购买女鞋即可赠送××产品/服务。

免费试用。

抽奖销售。例：凡是教师节期间，购买××即可参与现场抽奖。一等奖为：×××。

竞技销售。例：凡是中秋节期间，购满 200 元者，即可享受 8 折优惠！

限量特供。例：凡是国庆期间，每天前三名购买者，即可有神秘大礼品！

团购会。例：即刻登记，即可参加双 12 团购大会。享受新品×××折扣！

C. 品牌传播支持

现代的商业环境，企业要做品牌，就必须一步到位，不允许也没有机会让你从头再来！那么，在做品牌时，为了你的品牌有传播甚至不传而自传播，应做到以下三点：

a）方法分享。

沟通和分享是最好的传播方式。在企业和消费者之间只有形成一种双向的沟通交流，和消费者形成一种朋友关系，消费者才愿意分享，才会对品牌形成一定的忠诚度。

b）思想共鸣。

传统的品牌传播缺乏趣味性、思想性，很难吸引消费者兴趣，更无法引起消费者的共鸣。只有从品牌传播者的内容和思想入手，细腻地挖掘与消费者生活息息相关的人、事、情、物、法、味，才能取得良好的边际、渗透和共鸣效应。

c）观点互动。

沟通是网络营销的本质，观点的交流和互动则是沟通的主要表达方式。软传播能很好地解决硬传播的尴尬，用共振共鸣式原理让品牌传播内容与消费者之间产生同频共振，就会使消费者转变态度、产生情感，使传播有效地到达消费者心中。

D. 资金风险管理支持

资金是企业进行生产、经营等一系列经济活动中最基本的要素，资金管理贯穿于企业整个生产经营的始末，具有举足轻重的作用。资金管理是财务管理的集中表现，只有抓住资金管理这个中心，采取行之有效的管理和控制措施，疏通资金流转环节，才能提高渠道效果。

防范渠道财务资金风险主要有以下措施：

a）帮助渠道加强资金管理的事前防范、事中控制和事后监督三个环节，保证渠道的各项生产经营活动正常运行。

另外，应当充分认识到内部审计与监督在渠道中的地位和作用，加强内部审计，健全内部审计监督控制制度，及时发现漏洞和薄弱环节，防范资金风险。

b）制定科学的信用政策，加速资金周转。

帮助渠道根据产品的市场占有率、产品质量、品种、规格和价格等方面的竞争能力，确定合理的信用标准。

c）加强资金使用管理，提高效率，减少资金浪费。

针对实际情况，制定先进合理的消耗定额，严格控制开支范围，杜绝一切不合理开支，减少浪费，降低消耗，促进资金合理有效地使用。

d）加强资金预算管理，有效防范财务资金风险。

可以采用弹性预算制度，弹性预算是针对经营活动中出现的不确定性，在作预算时要给可能发生的情况留有余地。

4. 为自己的公司建立强大的数据库

○大数据时代到来的影响

进入 2012 年以来，这个领域的风潮逐渐从专业 IT 人士和数据分析师，扩散到所有关注科技、互联网以及营销领域的人群中，甚至还包括政界人士。2013 年，被许多国外媒体和专家称为"大数据元年"。

一系列标志性事件的发生，让人们越发感觉到大数据时代的力量。2012 年 2 月，《华尔街日报》发表了文章——《科技变革即将引领新的经济繁荣》，文中罕见地做出大胆预见："我们再次处于三场宏大技术变革的开端，它们可能足以匹敌 20 世纪的那场变革，这三场变革的震中都在美国，它们分别是大数据、智能制造和无线网络革命。"

一个关于大数据价值核心的逻辑是，这种背景下，在商业、经济、政府及其他领域中，决策行为将日益基于数据和分析而做出，并非基于经验和直觉；在公共卫生、经济预测等领域中，"大数据"的预见能力已经崭露头角。

关于大数据领域最经典的案例不是老掉牙的"啤酒与尿布"，而是来自一位美国少女。

2014 年初，美国，一名男子闯入了他家附近的 Target 店铺（美国一家零售连锁超市）。"你们怎么能这样!"男人向店铺经理大吼道，"你们竟然给我17 岁的女儿发婴儿尿片和童车的优惠券，她才 17 岁啊!"

店铺经理不知道发生了什么，立刻向来者道歉，表明那肯定是个误会。可是，经理没有意识到，公司正在运行一套大数据系统。但高潮是，一个月后，这个愤怒的父亲打来电话道歉，因为 Target 发来的婴儿用品促销广告并不是误发，他的女儿的确怀孕了。

据报道，Target 创建了一套女性购买行为在怀孕期间产生变化的模型。不仅如此，如果用户从他们的店铺中购买了婴儿用品，在接下来的几年中Target 会根据婴儿的生长周期情况定期给这些顾客推送相关产品，使这些客户形成长期的忠诚度。

从这个案例中我们看到，数据的力量，不仅可以让商家提升自己的业绩，还能够让客户心甘情愿买单。其实，在商业零售领域，诸如沃尔玛、Tesco 等巨头已从数据中获得了巨大的利益，也因此巩固了自己在业界的长盛不衰。

在互联网行业中，大数据更是为电商、广告商们提供了丰厚的回报。比如，雅虎于 2008 年初便开始启用大数据技术，每天分析超过 200PB 的数据，使得雅虎的服务变得更人性化，更贴近用户和客户。它与雅虎 IT 系统的方方面面进行协作，包括搜索、广告、用户体验和欺诈发现等。

AOL 也设立了 300 节点的服务器集群，将在其下属系列网站中每天500TB 的用户浏览信息收集起来，分析和预测这些用户的行为，以便有针对性地为每个月 1.8 亿独立用户进行个性化广告服务。

如今，很多企业都在网络上开设了店铺，可是你知道在这一过程中，大数据发挥了怎样的作用吗？

通过大数据对用户行为与特征进行分析。只要积累足够的用户数据，便可以通过大数据分析出用户的喜好与购买习惯。过去，各企业虽然也要及时全面地了解客户的需求与所想，可是只有在大数据时代，才能将这个问题的答案设定得更加明确。

通过大数据支撑，进行精准营销信息的推送。一直以来，很多公司都在提倡精准营销，但是真正做到的却少之又少。如今，有了大数据，企业和商家可以获得大量的用户特征数据，以此为支撑，对其进行详细准确的分析，可以为用户提供更加具有针对性的营销服务。

通过大数据，可以让营销活动更能投用户所好。通过一定的数据分析，可以了解潜在用户的主要特征以及他们对产品的期待，那么企业和商家就可以投其所好，生产或销售用户需要的商品。

大数据可以帮助企业筛选重点客户。一直以来，许多企业都搞不明白：在企业的用户、好友与粉丝中，哪些是最有价值的用户？可是有了大数据之后，就可以找到答案了，帮助企业筛选出重点的目标用户。

视数据为生命的不仅限于这些每天产生海量数据的零售和互联网行业，在生物医药、运动产品、能源甚至政务领域，数据越来越成为最不可或缺的价值。而背后支持其爆发的，则是大数据技术的迅猛发展。

一方面，数据量的爆发增长和数据结构的多样性，使得传统的关系型数据库技术已无法满足这些需求，但 20 世纪末出现的 NOSQL 技术一开始并未得到广泛应用，直到 2009 年在搜索引擎、社交网络等互联网应用盛行使得数据量迅猛增加后，该技术才开始为人们所重视并投入使用。发展到今天，NOSQL 技术已经形成了一系列不同用途的数据库管理系统。

在 2014 年初的瑞士达沃斯论坛上，一份题为《大数据，大影响》的报告宣称，数据已经成为一种新的经济资产类别，就像货币或黄金一样。在这个逻辑下，在大数据时代，传统的商业思想正在被颠覆。

在过去，衡量企业最重要的资产无外乎土地、流动资金和人才等几个要素，如今数据作为企业一项更加重要的资产将直接关系到企业的发展潜力。这意味着，在完成对企业智商和核心资产的重塑之后，数据资产正当仁不让地成为现代商业社会的核心竞争力。

○数据库应该具备哪些数据

目前，中国的中小企业约有 5000 多万家，从整体来看，是企业中数量最大的企业群体。可是，由于企业的经营模式、业务种类、企业规模、企业负责人素质等各种原因，企业 IT 建设的水平千差万别。其中，很多企业对于企业数据的管理还停留在简单管理的阶段，没有采用适宜的数据库管理系统。

在企业发展规模较小的创业初期，使用的业务数据规模相对较小，很多数据的保存与管理可以不依赖于数据库，比如，利用 Session（会话控制）保存网页变量，利用 Cookie（一种网站数据）保存网站驻留信息；有些企业甚至还会使用企业邮箱直接保存文件。此时，对于较少依赖数据发展业务的企业来说，一套完整的数据库管理系统显得有些大材小用。

可是，一旦企业发展初具规模，如拥有上百人的业务团队、网站已经有了数百万的单日访问量、企业数据量已经相当可观……企业就需要对数据库进行相应的管理了，如此才能系统地应对日常数据的使用需求。比如，使用数据库的查询功能，可以让你以最短的时间在众多邮件中找到所需的内容。

目前，市面上的数据库管理系统有很多，比如，Oracle、Apache Cassandra 等。对于广大的中小企业来说，完全可以使用传统的关系型数据库。一般情况下，在采用某种企业应用时，其都会为企业提供一定的数据库选型指导，因此企业可以容易地选择适合自己的某种数据库。

我们就以中国市场上比较流行的数据库为例，从其使用特点介绍服务器的选型。

A. MySQL 数据库

此数据库在性能上对服务器的要求不是很高，企业在采购服务器时只要考虑一下性价比就可以了，因此很多互联网企业在创业初期都会使用，比如淘宝。

目前，中小企业用户使用最多的是戴尔服务器，其开发的几款机型足以满足 MySQL 数据库开发的性能需求。

B. Oracle 数据库

此数据库是目前业内公认最好的数据库系统，被广泛运用在大型商业、高等院校和科学研究领域，主要面向的是中高端应用。此数据库的内存使用独具匠心，运行起来效率出众。

运用自身强大的数据组织管理能力，数据库可以使企业从繁琐的文件管理工作中抽身出来。使用数据库很重要，知道什么样的数据库适合自己同样重要！

○如何操作大数据库

随着时代进步，媒体也从传统四大媒体（电视、报纸、杂志和广播）演变到了现在多样化的数位媒体，包含社交媒体、论坛和影音平台等，创造了大量且变化快速的资料。同时，随着多屏行为的普及，许多人可以边看电视，边用移动设备搜寻产品，了解更多的细节，甚至直接在网络下单，因此品牌需要重新思考用户的购物流程，让信息遍布各个角落。

通过大数据分析，可以更清楚地掌握用户的脉动和媒体使用行为，企业能根据不同的目标，例如，新产品上市曝光，或为既有产品增加知名度，在付费媒体、自有媒体和因内容精彩而引起媒体主动报道、网友主动分享间，规划最适当的安排，让每一分预算，都获得精准的分配和成效。

所谓数据技术指的是，所涉及的资料量规模巨大，无法通过目前主流软件工具在合理时间内达到撷取、管理、处理并整理成为帮助企业经营决策更积极目的的资讯。美国互联网数据中心指出，互联网上的数据每年将增长

50%，每两年就会翻一番，而目前世界上90%以上的数据是最近几年才产生的。此外，数据又并非单纯指人们在互联网上发布的信息。

2014年世界杯开打，许多国家掀起了"全民疯足球"的热潮。过去的媒体报道，除了靠记者和编辑的敏锐度外，常常得等到新闻播出才能从收视率、阅读率及网络新闻点击数和读者反映持续修正议题方向。而通过大数据分析，在球赛开打之前，就可以事先分析出中国球迷最热爱的球队、球员，想知道的议题等，记者就能提供最及时且受欢迎的素材。

当大数据的话题在全球沸沸扬扬时，大数据能为企业做什么呢？各企业又该如何运用大数据？

A. 使用大数据，先要建立自己的资料库

过去，如果想运用大数据，并不是每个企业都能负担得起。可是，随着科技进步，储存与分析资料的成本大大降低，有时甚至不用储存，就能在云端进行即时分析，品牌就可以从看似没有意义的庞杂资料中"淘金"。

有些刚接触大数据的品牌领导者会问：我要用大数据做什么？该如何运用？其实，品牌可以先建立自己的资料仓储，一方面管理过去的企业资料，另一方面即时收集各种文件、图像、声音和影片资讯，再通过分析工具，进一步找出需要改善的问题，或挖掘未来的需求。

各行各业的领导者，只要拥有清楚的品牌策略和目标，就可以利用大数据科技，帮助企业更快地抵达目的。

B. 重新规划三大媒体，为品牌精准发声

春节是中国各大品牌都非常注重的节日，资料显示，每到农历春节期间，许多中国民生用品会提升将近20%～30%的销售量。

一家大型快速消费品品牌为了在春节期间再提升3%的品牌知名度，便通过大数据，了解了中国人民在春节期间和媒体的互动行为。他们发现，许多人看完广告后，会在好奇心的驱使下，上网查询评价。因此，他们便一方

面购买热门关键字；另一方面促使网友讨论，创造了极高的口碑，用户可以轻易地从博客、讨论区和官方网站找到更多的产品资讯和推荐。如此，不仅提升了用户的购买欲望，还成功增加了品牌知名度。

随着付费媒体的影响力下降，品牌应该认真看待自有和赢得的媒体，增设专属的社群经理，建立品牌更全面的社群影响力。

C. 客观数据为基底，策略仍需人性洞察

大数据能帮助品牌领导者从客观的角度做决定，但好的决策需要同时注重量和质，因此营销人依然要洞察用户，随时关注热门趋势与话题，了解人们内心的渴望，在科学数据和营销经验中达到平衡，如此才能做出最全面的判断。

对企业来说，庞大的资讯量可以创造出许多新的可能，但产生的速度之快、数量之大也是个挑战。如今，社会的变化步调愈来愈快，营销人员必须更快速地做出反应，及时收集不同媒体的资讯，从昨天的数据中积极发现解决明天问题的关键。

D. 运用大数据，需要掌握营销各个环节

懂得运用大数据的企业，能协助营销传播策略，达到端点到端点的整合，让策略在每个环节都能更精准地接轨。大数据对营销带来的影响主要包括 3 个方面：

a）360 度的顾客洞察。

大数据促使过去模糊的族群轮廓分类更精致，呈现出每个人的个性化差异点，各品牌能在对的时间、对的地点，通过对的渠道，传达出专属于用户一个人的广告信息。

b）整合社交媒体，创造相关性。

根据手中既有的顾客资讯，结合个人社群，品牌能更清楚地掌握用户的生活周期，适时地送上专属服务，主动创造需求。

c）以数据为导向，提升决策效益。

以数据为基础做的决策，能有效提升投资回报率，节省不必要的成本。

5. 为市场定好营销策略

○常见的营销策略方式

营销是有门道的！以往的时代，只要随意做几个广告，让别人知道你的存在，就可以出现大量买者。原因很简单，因为当时的市场，根本就没有多少产品，也没有多少广告。可是，现在不一样了。即使投放了大量的广告，很可能一点效果都没有。

可是，有些公司即使没有投广告，依然会不断传出利好消息，甚至有很多人还会借着它的名头发展。如果说，过去是一个广告时代，那么，现在应该算一个公关时代。当然，这里的"公关"，并不仅仅指的饭桌上的几瓶酒，而是指媒体公关。

在这样一个全新的时代，只有采用适合自己的营销策略，才能为企业带来利益和好处。因此，各企业一定要重视起来。那么，该使用哪些营销策略呢？概括起来，常见的营销策略有这样几种：

A. 全方位撒网，媒体轰炸，然后再突破局域市场

号称中国最高的巨人大厦资金链断裂，将史玉柱从天堂打到地狱，可是最终又站起来了。那么，他是如何站起来的？

1997 年，史玉柱无力回天，好几个月没给员工发工资，但核心干部竟然没有一个人因此离开。史玉柱在忠诚团队的支持下，决心东山再起！做保

健品。

史玉柱借了 50 万元作为保健品脑白金项目启动资金，拿出 5 万元补发了员工工资；之后，拿出 15 万元给无锡一家公司生产脑白金，留 15 万元作为预备资金，剩下 15 万元全部用在了江阴。

由于资金有限，史玉柱做不起电视广告，他出版了《席卷全球》，一共 100 多页，用 DM 直投方式免费赠送给消费者。这本书是脑白金营销体系的一部分，没有过多涉及脑白金这个产品，而是从原理的角度讲解脑白金概念。这本书为脑白金产品上市做了铺垫，让消费者在看到脑白金的时候不会感到陌生。

通过《席卷全球》这本书足以看出史玉柱在脑白金产品推广上所花费的心思，但他认为这还不够，要利用一切可以利用的形式向可能的消费群体灌输脑白金概念。

史玉柱将策划班子文案组的 10 多名文案高手连同一些事先准备好的资料，悄悄拉到常州一家酒店，包下几个房间，集中 10 天进行全封闭式软文写作。史玉柱选择当地两三种主要报纸作为软文的刊登对象，每种媒体每周刊登 1~3 次，每篇文章占用的版面，对开报纸为 1/4 版，四开报纸为 1/2 版，要求在两周内把新闻性软文全部炒作一遍！

每炒作一轮软文之后，都要以报社名义郑重其事地刊登一则敬告读者的启事：“近段时间，自本报刊登脑白金的科学知识以来，收到大量读者来电，咨询有关脑白金方面的知识，为了能更直接、更全面回答消费者所提的问题，特增设一部热线……希望以后读者咨询脑白金知识打此热线。谢谢。”

史玉柱的做法完全颠覆了当时做广告的模式！结果，他成功了！

B. 立足当地市场，逐步拓展全国

蒙牛牛奶在扎实好本地市场后选择的第一个重点市场，是深圳！蒙牛走的是“农村包围城市”之路，先做居民小区，再做小门小店，后做商场超

市。促销员身着蒙古袍，三五人一组，遍布主要社区。"蒙牛砖牛奶"由地摊到小店，由小店到商超，一路绿灯。

1999 年底，蒙牛冰淇淋一期工程完成后，推出了第一个产品"蒙牛大冰砖"。11 月 18 日，大冰砖首次冲击北京市场，直指王府井，进行了中国冰淇淋发展史上的第一次买赠活动，开创了一种全新的促销模式。经销商们纷纷前来与蒙牛洽谈合作，蒙牛趁势选择了 30 家佼佼者，一举完成了北京地区的销售网络建设。

2000 年，蒙牛产品开始进军上海。为了缩小与上海巴杀奶的价格差距，蒙牛在产品细分上，最终选择了价格相对低廉的枕奶。蒙牛首先采取了产品试用模式，将蒙牛牛奶的样品免费赠送给经过细致分析精心挑选出的 5000 户家庭，请这些客户品尝，随后进行一定程度的跟踪和回访。然后，又委托易购 365 向目标消费者发送奶票……这是一场前所未有的攻坚战！2001 年，在上海，蒙牛产品跃居外埠牛奶第一品牌。

经过 16 年时间，蒙牛已经成长为一个仅次于伊利，在中国乃至亚洲名副其实的、响当当的，而且正在向世界乳业市场发起冲锋的中国品牌。

C. 树立几个样本工程，然后全国复制

苏宁电器 1990 年创立于中国南京，是中国 3C 家电连锁零售企业的领先者，中国最大的商业零售企业，品牌价值 728.16 亿元。

20 世纪 80 年代末 90 年代初，中国出现一股"下海"潮流。年轻的张近东也在此时跃跃欲试。张近东利用工作之余承揽了一些空调安装工程，为自己创业攒到了 10 万元资本。1990 年 12 月，27 岁的张近东，在远离闹市的南京宁海路上租下一个面积不足 200 平方米的小门面，成立了一家专营空调批发的小公司——苏宁交家电，开始了个人和苏宁电器的创业历程。谁也不会想到，十几年后，从这家并不起眼的"小门面"竟驶出一艘中国屈指可数的家电连锁业"航母"——苏宁电器，而其掌舵人张近东则成为"中国连锁风

云人物"。

张近东下海时，正处于空调销售的暴利时代。第一年就做到了 6000 万元，纯挣 1000 万元。此时的张近东年仅 28 岁。苏宁电器凭借平价优势，一跃成为国内最大空调经销商，最终成为这场大战的赢家。

1996 年，苏宁进入扬州市场，开始走出南京探索家电连锁之路。2000年，苏宁停止开设单一空调专卖店，全面转型大型综合电器卖场，并喊出"3 年要在全国开设 1500 家店"的连锁进军口号。

时间证明了张近东的正确选择，苏宁的全国连锁体系快速扩张：2001 年平均 40 天开一家店，2002 年平均 20 天开一家店，2003 年平均 7 天开一家店，2004 年平均 5 天开一家新店……张近东当初准备亏 4000 万元的南京新街口店，如今已成为全国家电销售第一店，年销售额达 10 亿元。

○营销策略中常见的失误

在营销中，选择了错误的营销策略，会给企业带来巨大的损失，因此很多企业领导者都在为避免出现这样的失误而努力，那么，营销策略中常见的失误究竟有哪些呢？概括起来，主要有以下几种情况：

A. 把广告当作营销第一要素

传统营销人员在执行一项新产品上市任务的时候，首先想到的就是投入费用，而这个投入是指广告。为了促使自己的任务能顺利完成，营销部也会向公司申请一定比例的传播费用。可是，随着互联网技术的发展，尤其是移动互联网的运用，消费者接收信息已经不是单通道，而是多维立体化了。在执行营销任务时，总把广告放在第一位的，是思维贫穷症的体现，因为实现产品销量目标的方法不止广告这一种。即使是非要广告，也要把广告拍得不一样。

B. 错把定位当成战略营销

自从里斯、特劳特两位专家的定位理论随同《定位》一书进入中国后，"定位"这个原本只是属于营销系列策略的一个策略方法，被很大一部分人奉若神明，国内甚至还专门诞生了无数的"定位专家"。好像只要精准了定位，产品销量就能直线上升，企业就能立于不败之地。这即便不能说是天方夜谭，至少也是"脑残人士"的一厢情愿！

定位理论指出，定位是根据企业核心能力确定一个企业的核心位置和身份，然后将这一定位信息通过传播传递给目标人群，在目标人群的头脑中嵌入一个心智概念，比如，行业第一、销量最好、无添加等。

其实，定位与产品卖点、广告语和品牌形象等一样，同属于整体品牌营销体系中一个策略，绝不能违背企业品牌运作规律，单独跳出来上升到企业战略高度，如此大动干戈只会让企业劳民伤财。

C. 名牌名称与目标顾客毫无关联

这绝对是一个全球营销界统统都在犯的一个营销大错误！

国外的品牌名称大部分是以创业者姓名和地名而创建，比如，肯德基、麦当劳、沃尔玛等，稍微有点想法的就会选择一个与行业或者产品相关联的名称作为品牌。国内企业大部分都是以美好的联想作为主要创意来源的，比如，长虹、美的等，有些甚至直接以自己注册的公司名称作为品牌。

早期的商业竞争环境里面，因为整体都属于匮乏状态，所以这种策略失误所引发的后果还不算严重。但相关行业和领域，一旦竞争变得激烈，这种忽视顾客内心感受，忽视消费市场共鸣的品牌名称策略，会让企业在后期运作中为自己草率的行为付出沉重的代价。尤其是简单以广告传播将品牌与目标消费者进行连接捆绑的企业。

D. 不懂运用产品媒体的力量推广

传统营销者总是把营销的核心精力投入在后续的广告传播上，其实产品本身就是一个强大的传播媒介，而大部分企业却没有充分运用好产品这个媒介。

首先，在产品包装上，要为目标消费者提供一种产品质量优秀的区隔概念，不能仅仅是产品身份的客观信息，必须使自己的产品成为整个同类产品中最独特的唯一，这样，顾客到终端选择购买时，就会被产品的亮点所吸引。

其次，充分使产品（标签）与顾客达成完美有趣的沟通，使顾客对本产品产生好感，而不仅仅是标配信息。

只要产品策略运用正确，就可以大大减少企业后续的广告传播，甚至不再需要广告，也能轻易抢夺到顾客！

E. 经验主义盛行，缺乏创新力

在企业发展中，很多人都会运用个人或企业积累的经验来解决市场营销难题，经验主义就是典型的逻辑思维特征。比如，小企业要发展，必须从大企业中挖掘专业人才，运用他们的丰富经验解决企业发展难题；企业要找营销策划机构，必须要找曾经策划过某某行业的公司，否则总觉得心里没底！这就是经验主义作怪！

对于我们来说，经验虽然具有一定的价值，但应以行业和市场相对稳定为前提。市场是动态的，是不断变化的，你不可能用过去的经验解决未来的营销难题，而且你的经验再丰富也不能解决所有的问题。

第3章 市场业务篇

你一生中卖的唯一产品就是你自己。

——美国著名推销员乔·吉拉德

1. 销售心理与顾客类型

○销售心理

销售不是蛮干，掌握必要的销售心理对于达成销售结果有着千丝万缕的联系。关于销售心理，有很多的定律，这里简单介绍其中的6种：

A. 首因定律

在销售工作中，客户对销售员的第一印象如何会在很大程度上决定销售的成败。如果没有给客户留下好的第一印象，即使销售人员非常优秀，客户也不会购买他的产品。良好的第一印象会使销售工作事半功倍，因此要想顺利成交，就要多下点功夫，做好准备。

B. 曼狄诺定律

美国作家奥格·曼狄诺主张，人们应该认真地微笑。这就是曼狄诺定律的由来。微笑是销售制胜的重要的法宝之一，销售员如果整天阴着一张脸，谁会愿意和他交谈呢？所以，要想提高销售量，就要从现在开始，学会微笑！

C. 阿伦森定律

著名的心理学家阿伦森认为：人们大都喜欢对自己的行为或态度表示赞赏的人，而反感对自己持反对态度的人。运用到销售学里，就有了今天的阿伦森定律。在销售中，客户对千篇一律的说辞表示反感，陈词滥调更会令客户生厌。只有学会赞美，才会让客户有所触动。

D. 安全距离定律

有的销售员很"敬业"，一天三遍问候客户的公司、问候客户的家人……这种穷追不舍的"追踪"，会令客户觉得你是在挖掘他的隐私，就会对你有所疏远、有所防备。因此，要把握好与客户的距离，给客户流出足够的私人空间。

E. 共通心理定律

著名的销售大师杰弗里·吉特默曾经说过："如果你找到了与潜在客户的共同点，他们就会喜欢你、信任你，并且购买你的产品。"每个人都喜欢与自己有交集的人相处，在向客户推销产品时，可以看看自己与客户有什么共同点，并将其扩大，让他从心理上接受你。

F. 斯通定律

美国"保险怪才"斯通认为，一切取决于销售员的态度，而不是客户。同一件事，如果用不同的态度去对待，就会出现不同的结果。销售中，要调整好心态，把拒绝当作一种享受。客户的拒绝是销售的真正开端，只要乐观面对、坚持不懈，就一定可以说服客户。

○顾客类型

要想提高市场业务水平，首先就要了解顾客的心理和类型。如图 3-1

所示。

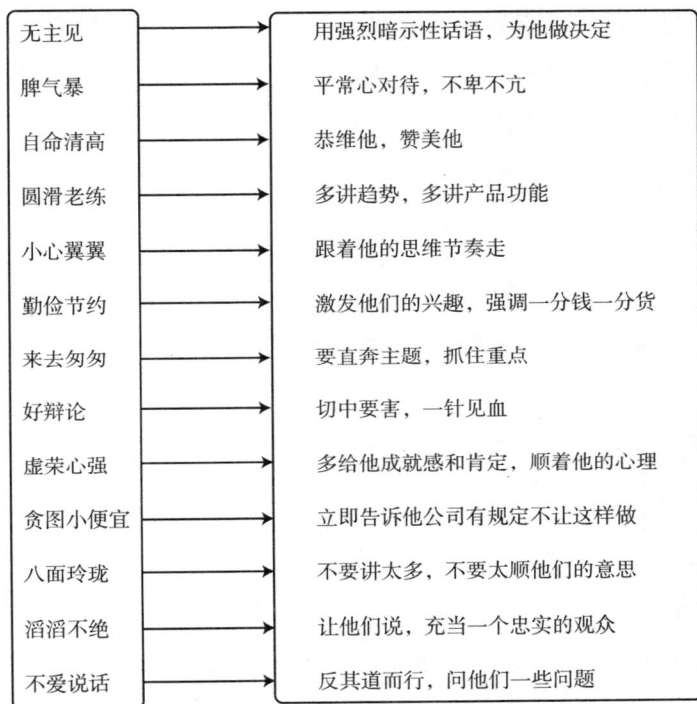

无主见	用强烈暗示性话语，为他做决定
脾气暴	平常心对待，不卑不亢
自命清高	恭维他，赞美他
圆滑老练	多讲趋势，多讲产品功能
小心翼翼	跟着他的思维节奏走
勤俭节约	激发他们的兴趣，强调一分钱一分货
来去匆匆	要直奔主题，抓住重点
好辩论	切中要害，一针见血
虚荣心强	多给他成就感和肯定，顺着他的心理
贪图小便宜	立即告诉他公司有规定不让这样做
八面玲珑	不要讲太多，不要太顺他们的意思
滔滔不绝	让他们说，充当一个忠实的观众
不爱说话	反其道而行，问他们一些问题

图 3 - 1　顾客的类型和心理

针对图 3 - 1 所示的顾客类型和心理，应该采取以下对策：

没有主见的客户：这类客户一般情绪不稳定，对人忽冷忽热，没有主见，只想坏的，不想好的。面对这类客户，可用"这个项目很适合你，你立即做，现在不做将来会后悔"等。如果客户是两个人，而那个带来的人很有主见，就要将沟通的眼光集中在有主见的那个人。

脾气暴躁的客户：这类客户一旦有一丝不满，就会立即表现出来；他们忍耐性特差，喜欢侮辱和教训别人以抬高自己，唯我独尊，与他们在一起随时都会闻到火药味。对于这样的人，要用平常心，不能因对方的盛气凌人而屈服；当然，也绝对不能拍马屁，要用不卑不亢的言语去感动他。

自命清高的客户：这类客户对任何事情都会扮出我知道的表现，不管你的产品有多好，都会觉得你是普通的，缺乏谦卑，觉得"我是最好的"。遇到这样的客户，就要恭维他，赞美他，不要直接批评挖苦他，而要告诉他：你的优势在哪，如何去赚钱。

圆滑老练的客户：这类客户一般话很少，可是心里很清楚，比谁都有一套；很圆滑，当你销售时，他会沉默是金，对你的讲解会无动于衷，定力很强，很多人认为他们不爱说话；当你筋疲力尽时，他会离开，这是他们对你的对策。遇到这样的顾客，要仔细观察他们的反应（肢体语言），要多讲解趋势，多讲解产品的功能。

小心翼翼的客户：这类客户对你的什么话都用心听、用心想，稍微有一点不明白就会提出来，生怕稍微有疏忽而上当受骗；他们心也比较细，疑心较大，反应速度比较慢。和他们沟通的时候，就要跟着他们的思维节奏走，要尽量将你要表达的东西讲清楚。讲解产品的时候，要借助辅助工具、图标证据配合，多旁征博引一些话语和例子增加他的信心，特别要多强调产品的附加值及可靠性。

勤俭节约的客户：这类客户对于高价位的产品不舍得购买，多年以来的节约习惯使他们对高价位的产品比较排斥，对产品的挑剔最多，喜欢对产品挑毛病。其实，他们也并非一毛不拔的人，他们花钱都是花在刀刃上，要能激发他们的兴趣，然后分析物有所值，让他们有所感受；要着重强调一分钱一分货，将商品的特征解释清楚，指出价值所在。

来去匆匆的客户：这类客户总是很忙，你没时间具体讲解产品，即使与你说话也是聊几句而已，也占不到他一分钟的时间。与这样的人沟通时，要多赞美他活得充实和丰富，跟他们说话要直奔主题，抓住重点，抓住他的需求说。你的介绍只要有一点抓住他的吸引力，加上多鼓励他尝试购买使用，就有机会成功。

喜欢辩论的客户：这类客户喜欢与你对着干，为了显示他的能力，会与你唱反调。他们喜欢搬出理论，讲解大道理，有时明知自己是错误的也要和你争辩，直到实在辩不过去嘴上还是不服输。和他们沟通的时候，要先承认对方的说法，不要顶撞；态度一定要诚恳，让对方觉得你乐于听他的辩解，以博取对方的好感。当对方觉得在你面前有优越感，又对你的产品有一些了解时，就会购买。与之交流时要少说多听，切中要害，一针见血，要能刺激对方的需求性。

虚荣心强的客户：这类客户都是"死要面子"的，为了满足自己的虚荣心，最爱撒谎欺骗。他们很自大和自负，想法很单一，心里放不下一点东西。要多给他成就感和肯定，切不可揭开他的老底，应顺着他的心理，多一份认同，他就会拿你当作知己，多讲解选择产品后带来的感受和优越感，这样你的产品才有可能让这群人接受。

喜欢贪小便宜的客户：无论在你的面前装得有多大方，其实他心里都希望你能将产品便宜卖给他甚至免费送给他试用。他们常常会让你感觉到他们并不把产品放在心上，说不定还会告诉你他也有某个朋友在做类似的东西，不花钱都可以拥有，根本没必要用你的产品。可是，你一旦有便宜让他们讨，他们的态度立即会改变。如果发现客户有这种倾向，就要立即告诉他公司有规定不让这样做；也可举例说明不能这样降价或赠送的理由，请他们理解。不过，要想出同样的优惠方法或者具有大的吸引力的举措，让他觉得同样有便宜可占，购买就不成问题。

八面玲珑的客户：这种客户看起来很容易接近，他们十分愿意和你交朋友，也很愿意拿出好的态度和热情来聆听你的销售游说，可是在购买的节骨眼上却迟迟没有主动。他们是属于社交型的，他们通常不会使你很难堪或有尴尬的现象。遇到这样的客户，不要讲得太多，不要太顺从他们的意思，讲解产品的特点时不妨动作大一点，手势多一点，牢牢抓住他们的注意力，不必担心他们没兴趣多听你说。当他们听得渐渐入神对你另眼相待时，你的产品就能顺理成章地销售出去。

滔滔不绝的客户：有些人天生话就很多，即使是一些鸡毛蒜皮的小事，都会放大来说，不管别人是否愿意听，嘴上痛快就行。这时候，要让他们去说，不妨充当一个忠实的观众，等到他说"累"为止。可是，在听的过程中要把握好时机插入你对产品的介绍，千万不要想抢走他们的话题。

沉默的客户：这类客户会仔细地听你介绍产品和公司，在倾听的过程中还会不时地提出问题让你解答，一般都是想要更多地了解产品资讯。他们保持沉默主要是因为他们心里带着许多疑问了解产品，而对于销售购买产品兴趣不是很大。面对这种顾客的时候，首先要说明产品的诸多的优点，而且要告知购买产品后所享受的服务，要多煽动以激发他们购买的欲望，要尽量减少他们对你的不断发问；可以反其道而行之，去问他们一些问题，将他们带入销售的氛围中。

2. 售前拓展

○网络 SEM 营销

SEM 网络整合营销是一种全新的互联网资源整合营销模式，不仅整合了百度、谷歌等几大常用搜索引擎营销技术，知名主流综合性大型 B2B 平台阿里巴巴、赶集等多家各行业知名网站优化技术，还汇集了视频、微博、博客、论坛、站群营销等网络营销推广手段，能帮助中小企业进行营销。

使用这种营销方式，可以让企业利用新型的网络营销模式以最低投入、最短时间、最多平台、最大效益实现真正的网络营销，不断提升企业知名度和品牌曝光率，让企业用户走在网络营销的前沿，走向成功。网络营销推广包括以下方法：

A. 网络广告

所谓网络广告就是在网络上做的广告。通过网络广告投放平台，利用网站上的广告横幅、文本链接、多媒体等方法，在互联网上刊登或发布广告，通过网络传递到互联网用户。

与传统的四大传播媒体（报纸、杂志、电视、广播）广告相比，网络广告具有得天独厚的优势，是实施现代营销媒体战略的重要一部分。

搜狐是中国领先的网络新媒体，是中文世界强劲的互联网品牌，也是企业界和广大网民首选的中文搜索引擎，其网络广告具备相当的规模和影响。

搜狐公司的四大支柱产品是分类搜索、内容频道、互动社区和地方版，这也是搜狐产品发展的主线。搜狐的分类和搜索坚持中国语言文化和习惯特色，以科学、友好、严谨为分类准则，它成为网上中文信息最重要的来源。

B. 新闻营销

所谓新闻营销就是运用新闻为企业宣传。这种模式非常有利于引导市场消费，可以在较短时间内快速提升产品的知名度，塑造品牌的美誉度和公信力。

方法要点如下：

a）举办新闻发布会。

请行业及大众媒体参会，由企业新闻发言人对外公开发布企业重大消息。使用这种方式，要舍得花钱，而且企业要具有一定的社会知名度。

b）与公关公司合作。

公关公司在公关传播服务方面比较专业，资源和服务流程都是现成的。

通过挖掘企业的新闻事件，撰写成新闻稿，就可以通过媒体资源发布到全国各大媒体中。

c）自主建立媒体关系。

大型企业一般都有自己的品牌部或公关部、企划部。如果企业有重要新闻，会通过这些媒体关系发布。这种方式，比较直接，比较快，费用少；但工作难度大，媒体范围小，发稿数量受限制，稿件发布率低。

C. 软文营销

所谓软文营销就是通过特定的概念诉求、以摆事实讲道理的方式使消费者走进企业设定的"思维圈"，迅速实现产品销售的文字模式和口头传播。比如，新闻、第三方评论、访谈、采访和口碑等。

营销策略如下：

a）软文话题策划。

要准确把握用户群的特点，注重用户信任的建立。

b）软文营销。

将写作的文稿发布到策划好的目标媒体上。关于这一点，脑白金的软文营销就是典型的例子。

D. 论坛营销

所谓论坛营销就是利用论坛通过文字、图片、视频等方式发布企业产品和服务信息，让目标客户更加深刻地了解企业产品和服务，最终达到宣传品牌、加深市场认知度的目的。

操作步骤如下：

a）收集整理论坛。

对所收集的论坛进行分类，如娱乐、地区、女性、财经、综合等；进行属性分类，如人气、严肃程度、是否支持可链接 URL。

b）注册账号。

注册统一的中文 ID，提高后续发帖效率。注册账号时，所有的账号资料都要必须填写完整，必须上传头像，并且用户名必须使用中文。为了制造气氛，还要注册大量"马甲"。

c）发布主题。

将事先撰写好的软文发布到论坛相应的板块，找准板块，对板块内容和气氛进行烘托。必要时可根据版面内容调整文章标题或内容，使软文最大限度贴近主题。

d）跟踪及维护。

主题发布后，要做到定期回访主题，回访项目包括：检查主题是否被删除、是否被执行管理操作，是否有人回复提出问题或者质疑等。

e）账号维护。

对于热门论坛，需要培养高级账号，使用该高级账号与论坛成员建立互动关系，提高账号知名度、美誉度、权威性，使该账号成为该社区的舆论领袖。

f）效果评估。

效果评估参数：发布论坛数、发布主题数、帖子浏览量、帖子回复量、帖子被加精和置顶、删帖率等。

E. 博客营销

所谓博客营销就是通过博客网站或博客论坛接触博客作者和浏览者，利用博客作者个人的知识、兴趣和生活体验等传播商品信息。可以使用的策略主要有：

a）注册博客账号。

要选择功能完善、稳定，适合企业自身发展的博客系统、博客营销平台，并获得发布博客文章的资格。

b）选择优秀的博客。

在营销的初始阶段，要拥有具有良好写作能力的博客。博客在发布自己的生活经历、工作经历和某些热门话题评论等信息的同时，可以附带宣传企业。

c）坚持博客的定期更新。

要创造良好的博客环境，采用合理的激励机制，激发博客的写作热情，促使博客们有持续的创造力和写作热情。长期积累，企业在网络上的信息会越积越多。

d）协调个人与企业之间的分歧。

从事博客写作的是个人，要培养一些有良好写作能力的员工，所写的东西既要反映企业，又要保持自己的观点性和信息传播性。这样才会获得潜在用户的关注。

e）建立自己的博客系统。

当企业在博客营销方面开展得比较成功时，则可以使用自己的服务器建立自己的博客系统，向员工、客户和其他外来者开放。

F. 微博营销

所谓微博营销是指通过微博平台为商家、个人等创造价值而执行的一种营销方式。微博营销涉及的范围包括认证、有效粉丝、朋友、话题、名博、开放平台、整体运营等。

2014年索契冬奥会开幕式上，奥运五环有一个环没有打开。红牛便借势推广其"能量"诉求，吸引了体育爱好者目光。

五环变四环是一次失误，是不完美和瑕疵，社交媒体上对此出现了很多的"负能量"话语。翻转网友"负能量"认知，红牛从"能量"、"潜能"正能量的角度出发，对这次事件给出正面、积极的看法，并把产品功能进行了很好的传播。

结果，活动当天参与用户就过千，总覆盖用户 919 万人次，正面评论 95％以上。央视财经、搜狐新闻、艾瑞网、4A 广告提案网、PRVIEW 等数十家网站给予了积极报道，并评为本次事件最佳借势传播创意。

G. 电子邮件营销（EDM）

电子邮件营销（Email Direct Marketing，EDM）指的是用户在事先许可的前提下，通过电子邮件的方式向目标用户传递价值信息。通常，企业可以通过使用 EDM 软件向目标客户发送 EDM 邮件，建立起同目标顾客的沟通渠道，向其直接传达相关信息。

使用电子邮件进行营销推广的具体步骤如下：

a）建立电子邮件地址数据库，要收集大量的电子邮件地址和客户姓名。

b）分类数据库。

不分用户类型一味滥发邮件，不但达不到预期的效果，还有可能造成完全相反的效果。

c）避免垃圾邮件风险。

通常来说，基于用户许可、信息对用户有价值的邮件是正规的 EDM，两个因素缺少一个，就会被判定为垃圾邮件。

d）控制邮件发送周期。

为了维护那已有的 71％的用户，降低邮件发送频率是明智的选择。

e）邮件内容。

邮件内容应该对用户有价值，还应该有一个特定的主题和方向性，每次发送的邮件之间有明显的系统性，这样用户就会产生较为深刻的印象。

f）提供退订。

在每封邮件的结尾都应该提供退订方法说明，同时简化退订手续。

g）邮件发送工具。

目前常见的邮件列表工具主要有：Google Groups，Yahoo！Groups、QQ

邮件列表。邮件列表基本上都是基于用户许可的合法的邮件营销。

h）营销效果评估。

通过对一些指标的检测和分析，不仅可以用来评价营销活动的效果，还可以发现营销过程中的问题，以便对活动进行一定的控制。

○微信营销

随着微信的盛行，很多企业都将微信用在了企业营销中。可是，如何做微信营销？

A. 前期必须重视的工作

在正式进行微信营销之前，有些工作是需要做的。

a）了解企业做微信营销的目的。

如果对企业做微信营销的目的都不清楚，做出来的方案可能都是南辕北辙的。只有了解好企业的需求，才能明确地选择使用服务号还是用订阅号。

b）分析同行或相关账号。

通常，同行才是你最好的老师，有很多东西都不需要重新摸索，甚至把他们成功的运营方式，或者内容布局直接抄回来就可以了。隔行如隔山，如果想做一份有行业针对性的方案，则需要花不少时间在竞争对手身上；如果你的行业在微信上还没有像样的竞争对手，可以关注行业的相关大号。

c）运营微信账号1~2个月。

运营微信账号是最好的信息收集的方式。每种营销渠道的运营方式都不一样，所以不能完全按以前做营销的方式做微信营销，最好先给公司的公众账号运作1~2个月。如果对微信营销完全没有概念，可把同行做微信营销最好的账号内容照搬，自己运作一段时间试试，然后再适当微调。

d）对数据和客户进行分析。

1~2个月之后，就可以对这段时间的运营情况进行总结，包括对文章的阅读量和转发情况进行分析，比如，哪类型文章更吸引目标人群、客户反馈、客户互动的情况，还有活动的参与程度和效果分析，这段时间对公司的业务有多少帮助的评估等。把这些相关数据做个报表，然后给每组数据写几行总结。

e）给人员合理分配任务。

根据之前运作的情况，你会大致了解到需要什么人员负责什么内容，工作和任务如何安排，还有绩效考核如何评定。

f）开始撰写方案。

把前期的材料收集整理好后，就可以开始撰写方案。究竟方案的格式内容如何做呢？

第一部分，分析竞争对手。开篇，可以写竞争对手的分析，看看他们是如何用微信账号提供服务或推广产品的。

第二部分，写微信能给企业带来什么价值。如果加入前期运作的数据分析，效果会更好。

第三部分，活动情况。在这里，可以把之前在微信做的活动效果、报名人数、客户转化等列出来，然后进行分析。

第四部分，总结一些客户关心的话题，例如，客户期望的产品功能、服务环节哪里不完善、有哪些地方可以改进等。这些都是领导关心的问题，也是微信给企业带来的另一种价值。

第五部分，把微信账号的内部栏目设计、运营方式、营销方式都写出来。最好，能写一下近期将做的几个活动计划，顺便可以申请活动支持，是否需要购买微信第三方系统等。

第六部分，列出每个人负责的工作，每日工作的内容有哪些，还有绩效考核等。如果公司的微信账号只是你一个人，也需要写。

第七部分，预估一下，未来这个微信账号粉丝增长量，对公司业务和产品的帮助有多少等。

B. 快速制作微信营销方案的方法

微信营销是网络经济时代企业营销模式的一种创新，是伴随着微信的火热而兴起的一种网络营销方式。要想实现点对点的营销，首先就要做好微信内容，具体来说：

a）描述上下文背景。

上下文背景是能够让用户沉浸在你的消息中的原因，比如，他们关注了你的公众号，订阅的就是你发给他们电子邮件的上下文；如果是在你的网站上发现的内容，这个人对于你的话题或服务信息的搜索就是上下文。

b）引起用户的注意。

一旦建立起一个上下文的背景，就要通过标题引起用户的注意。必须要保证能引起他们的注意，就好比你是在追女朋友一样。

c）增加微信粉丝。

微信的主旨是"信"，微信公众号的核心是让用户产生依赖性。要想快速增加粉丝，就要从行业角度出发，考虑客户的需求，针对客户需求为用户提供服务。一旦客户对你的微信公众号产生了依赖性，就会非常情愿向自己的好友推荐。如表3-1所示。

表3-1　增加微信粉丝的方式

方式	说明
老客户＋活动	这是增长粉丝量最快的方法之一，要是勤快点，例如，邮件、短信、电话都用上，就能不断将转化率从0提高到50%以上
朋友圈＋身边同事	朋友圈是微信最大的亮点之一，要找到突破口，就非要从身边的同事开始不可
论坛和QQ群	随便加入一堆QQ群，关注的人定然会不多；如果有以往的一些质量较高的群，偶尔冒泡反而会有不错的效果

　　d）引起用户的欲望。

　　目前营销现实是：即使能引起用户的注意，他们的注意力也不会持续太长的时间。你必须把握那 15 秒钟，让用户对你的产品产生渴望，并且能让这种渴望持续。

　　e）通过询问建立落差。

　　现在，要告诉用户，如果现在不立即使用这个产品或者服务，后果是什么？我们把这个环节称之为建立落差。可以通过"如果什么都不改变，那将意味着什么"的询问引出落差。

　　f）说出自己的解决方案。

　　说出你有一个解决方案是很重要的，并且要让他们知道、了解。

　　g）呼吁用户采取行动。

　　最终目的是让用户采取行动，这需要你做到两件事：当用户阅读完，应该让他们迅速采取行动；明确告诉用户，让他们采取行动，把你想要他们做的事情直白地陈述出来。

　　h）提高自己的信誉。

　　告诉他们，为什么可以相信你所说的。比如，诉诸常识，表明是已被社会证明的；展示你的专业性（你的教育和实践经验）；在任何可能的时候，尽可能提供减少风险的保证。

C. 快速增加微信好友和粉丝

　　要想做好微信营销，首先要定位好自己的微信账号，然后寻找自己的目标用户，并添加为自己的好友，那么，该如何快速增加微信好友和粉丝呢？

　　a）将微信号和手机号、QQ 号联系起来。

　　在你已有的 QQ 好友里和通讯录里，把开通微信的好友导入进来，另外，也可以加入一些 QQ 群，还可以申请个小号加进群，有目的性地和大号聊天，这样就可以吸引其他人。

b）附近的人、摇一摇、漂流瓶。

对于微信好友的添加，最简单的就是主动加好友，还有附近的人、摇一摇、漂流瓶，这些都是很不错的渠道。

c）积极参与点赞活动。

有很多微商使用此方法，效果还是很好的。发布带有自己微信号的点赞活动，让好友疯狂点赞，之后带来的好友是数不胜数的。

d）让已有朋友圈进行推荐。

既可以向现实生活中的朋友、同学，推荐自己让她们加微信；还可以利用微信上的已有资源，建个微信群把朋友拉进来。

e）从微博里面导入。

如果你的微博已经有了一定的粉丝数，可以从那里面导入到微信上，毕竟现在微博的营销效果也不如以前了。

f）建立自己的群、加一些群。

建立自己的班级群、校友群、行业群、老乡群、同事群，之后可以添加群里的人为好友，这些主要是熟人，也是真正的朋友圈。为了提高效率，可以用微信网页版在电脑里添加。

g）和他人互换群。

我有5个群，你有3个群，互换一下，就都有8个群了。

h）积极收集用户信息。

如果你是做网店的，每天都有一定的用户，可以从那里导入，在客服服务卡上加上自己的微信号，吸引用户添加。

i）主动进行活动推广。

不要只是那种硬硬的推广，一上来就是"我的微信号是×××，关注我吧"，可以打造个浪漫的微信交友活动，感兴趣的人就会多一点。如果可以的话，奉送一点小礼品最好。

j）让大号帮着推荐。

微信大号一般都乐于推荐，如果你有"卖点"，编辑一段文字，发给大号，请他们帮忙推荐一下，一天有几十上百个好友问题不大。

k）做好口碑宣传。

当你做到一定的时候，就会有很多朋友帮你主动宣传。

l）利用论坛推广。

贴吧、天涯、猫扑和一些行业论坛都是时下最热论坛，在你所需求的帖子上打广告，被人发现的概率很高。也可以在后面跟帖评论时加上自己的微信号。

m）二维码也是推广好方法。

微信群二维码有很多，可以通过图片搜索关键词"微信群二维码"，搜出来的群二维码就有千个，足够你加了。如果嫌不够，还有谷歌、搜搜、360等搜索引擎。

n）合理使用软件来刷粉。

现在有很多微信会通过软件刷粉丝，具体操作过程也很简单，花钱买回来，按照软件的说明操作就行了，但由于安全性未知，有时可能会被封号（不建议大家使用）。

o）发一些高质量文章吸引粉丝。

根据自己的行业寻找一些相关性强的网站和论坛分享你的心得，在一些专业论坛写文章，介绍自己对行业的理解、看法或者分享自己实操的一些案例，会有很多人加你的微信号。

p）手工收集微信号添加。

微信大号几乎每天都会推荐一些人，可以将被推荐的人的号记下来，查找加入。能加你微信号的每天即使只有 10 个，一个月下来就有 300 个了，一年下来就有 3000 个了。

D. 微信运营必须使用的软件工具

微信运营必须使用的软件工具主要有：

a）微信第三方服务平台。

主要有：微盟、有赞商城、风铃、聚信盒子、微俱聚、搜狐快站、囧易、微擎、微动力、点点客、微客来、微伙伴、V5 客服、微信云端、微信海、智游乐、微订、小猪 CMS、天赐传媒、掌上大学、腾讯微校、58 招财猫、微速达、微智客、云建站、阁下微信、微信盒子。

b）图文排版微场景编辑器。

主要有：秀多多、易企秀、秀米、易企微、易点编辑器、兔展（场景）、爱微帮、微推宝、初页（场景）、135 编辑器、96 微信编辑、i 排版、云来（场景）、有图、MAKA（场景）、烽火台、Live（场景）、西瓜助手（爆文）、微口网（爆文）、麦客（表单）、公众宝（机器人）、自媒体管家。

c）图片编辑处理软件。

主要有：美图秀秀、光影魔术手、Photoshop、Axure（快速原型设计工具）、视频剪辑软件、滤镜大师、天天 P 图、Ai（绘图工具）、Dw（网页编辑器）、XMind（思维导图软件）、UEditor（在线 HTML 编辑器）、Fireworks（网页作图软件）、Ulesdgif（GIF 动画制作软件）。

d）微信辅助软件工具。

主要有：微友猎手、微信电脑客户端、微信记录查看器、微信记录导出助手、微信记录恢复助手、伪装微信地理位置、爱微帮微信电脑助手、PP 微信表情管理大师等。

e）微信运营学习网站。

主要有：一财经、果壳、人人都是产品经理、虎嗅、知乎、搜狗微信、百度百家、派代网、爱运营、36 氪、创业邦、微信 24 小时、极客学院、91 运营网、A5 站长网等。

f）编辑排版软件。

主要有：CorelDRAWX7、CorelDRAWX6、Adobeindesigncs6、Quarkx-Press10（版面设计软件）、方正飞腾中文排版软件、Gidottypesetter（文章排版助手）、一键排版、证件照片排版打印软件、DreamEdit（中文编辑排版专家）、Word 表格排版工具、水淼多功能批量排版等。

○电话营销

一般情况下，陌生销售是很难一次达成的，其成功交易常常可以分为三部分：第一次电话拜访，第二次电话跟进，第三次促成交款。下面，笔者就这三大内容做具体介绍。

A. 第一次电话三大技巧

a）让客户说"是"，不要给客户拒绝的机会。

第一次打电话的时候，可以提一下自己的产品，但不要问客户是不是需要你的产品。因为第一次电话，客户都会对你心生防备，只要一问他是否需要，他很可能马上回答"不需要"，然后挂掉电话。这时候，可以问客户一些答案肯定的问题。

b）在通话结束时，一定要给自己下一次的电话跟进找到一个理由，让下一次的电话顺理成章。每增加一次沟通，成交机会就增加一些。

c）在给客户留手机号的时候，一定要确保对方已经记录下来。这样，等到客户确实需要的时候，就可以顺利地联系到你。

B. 第二天的跟进

第二天的销售，需要注意下面 6 个技巧：

a）真实的谎言。

这是销售过程中最核心的部分。真实的谎言就是，一些可以让你产生有利于商家的联想的事实，而你联想的事实不是事实。比如，一个广告可以说：

90%的人使用了这个产品都很满意，实际上可能只调查了10个人，有9个人没说"这个产品不好"而已。商家撒谎了吗？没有，可是我们听到这个话会如何理解？

b）避实就虚。

当客户问一些问题，而且这些问题很致命的时候，可以避开他的话题，说一些貌似相关的话。这时候，很多人是反应不过来的。

c）营造产品稀缺的气氛。

营造产品稀缺的气氛，让客户珍惜机会。一定不能让客户觉得这个产品随时随地都有，一定要让他感觉到产品稀缺、数量有限。

d）博得客户的理解和同情。

当客户提了一些不利于销售的条件时，应让客户知道这样做你很为难，会给你造成损失或伤害。

e）让客户觉得这个结果很难争取到。

让客户觉得这个结果是很难才争取到的，这样他就会珍惜，并最终进行交易。销售人员整个过程中，通常都会强调"这个很可能争取不到"，结果最后都很"惊险"地争取到了。

f）委婉地催客户交款。

委婉地催客户交款，直接催款会让人反感。有个销售员是这样做的：他打电话问客户：江先生，你好，我们这边收到了一张汇款单，显示的是你们那边的区号，请问这张汇款单是你的吗？销售人员是不是真的收到了这张汇款单？大多数没有！

C. 电话销售需要技巧

现在很多公司或个人都很重视电话销售，那么，电话销售需要哪些技巧，应注意哪些问题？

a）提前做好准备。

当然，这里的准备主要包括两方面：心理准备和内容准备。

心理准备。在你拨打电话之前，必须有这样一种认识：你所拨打的这个电话很可能是你这一生的转折点或者现状的转折点。有了这种想法之后，你才可能认真对待自己所拨打的每个电话，才能让你有一种必定成功的积极动力。

内容准备。在拨打电话之前，要先把自己所要表达的内容准备好。最好是先在纸上列出几条，以免对方接电话后，自己由于紧张或者是兴奋而忘了自己的讲话内容。

b）选好时机。

打电话时一定要掌握一定的时机，不要在吃饭的时间与顾客联系。如果把电话打过去了，也要礼貌地征询一下，顾客是否有时间或方便接听，如"你好，王经理，我是××公司的××，这个时候达打电话给你，没有打搅你吧？"

如果对方有约会恰巧要外出，或刚好有客人在，应该礼貌地与其说清再次通话的时间，然后挂上电话。如果要找之人不在，需向接电话人索要联系方法："请问××先生/小姐的手机是多少？他/她上次打电话/来公司时只留了这个电话，谢谢你的帮助。"

c）接通电话。

在电话接通后，业务人员要先问好，并自报家门，确认对方的身份后，再谈正事。

例如，有合作意向的客户和潜在客户。

正常步骤与流程：

第一，客户打电话进来。答：老总您贵姓，是做哪一块的啊？（与客户亲切交流，拉近与客户的关系）

第二，一般打电话来的都是咨询或者有合作意向的，这个时候询问客户是否已经详细了解过我们公司和产品了。（客户若是没有了解过，进行详细介绍）答：要不这样吧，王总，我耽误您几分钟，详细系统地介绍一下我们公司和产品好吗？我们公司专注于智能锁领域，在这个行业领域打拼已经有很多年了……

第三，已经详细了解过或者听过你的介绍表明有合作意向的，就需要你介绍一下公司的招商政策了。答：王总，是这样，我们招商有以下政策：①区域保护；②全年度主题营销活动支持；③装修设计支持；④团队技术培训，销售培训支持；⑤公司加强对品牌传播的支持。不过跟我们这边合作有点门槛，门槛是×××。

第四，了解了招商政策，这个时候客户或许会思考一下合作方法了，如果他有什么顾虑，就需要你打消客户的顾虑。答：王总，是这样的，其实很多人一开始的时候都会有很多顾虑。不过，当下确实是一种趋势，并且跟我们合作的经销商已经挣到钱了。按照公司的专家的指导建议，经销两个月就已经全部回本了。这都不算，主要是我们现在的区域越来越少，您如果有这方面的想法，则要快一点行动了。

第五，客户如果对于合作还有其他顾虑，应想办法约对方来公司详细谈论一下。答：要不这样吧，王总，我们刚才谈了很多，电话里面也有很多是讲不清楚的，您什么时候有空，我来安排一下，您来这实地考察，您看这样如何。

第六，客户答应来公司约谈了，你应该想办法留下客户的 QQ 与微信，还有电话等联系方式，以便跟进和了解。答：王总，您的 QQ 或者微信是多少？我再发一些其他类型的资料给您。

d）让顾客心动。

虚心接受客户的反对理由，在他的心目中建立一个奉献、尽责、值得交往的营销人员形象。记住：保住老客户，比开发一个新客户容易得多。

e）客户管理。

客户管理指的是，对客户资料的搜集、归类和整理；与客户经常性沟通与联系；客户意见处理；不断改进对客户的服务方式和服务内容。

D. 注意事项

进行电话营销的时候，有些事情也需要注意。

a）重视第一声。

打电话给某公司，若接通后就能听到对方亲切、优美的招呼声，心里一定会很愉快。在电话中只要稍微注意一下自己的行为就会给对方留下完全不同的印象。

b）要有喜悦的心情。

打电话时要保持良好的心情，这样即使对方看不见你，也能够从欢快的语调中被你感染。面部表情会影响声音的变化，即使在电话中，也要抱着"对方看着我"的心态去应对。

c）姿态端正，声音清晰。

打电话过程中绝对不能吸烟、喝茶、吃零食，即使是懒散的姿势对方也能够"听"出来。如果打电话的时候，弯着腰躺在椅子上，对方听你的声音就是懒散的、无精打采的；若坐姿端正，身体挺直，所发出的声音也会亲切悦耳、充满活力。

d）迅速准确地接听。

很多业务人员的桌上往往会有两三部电话，听到电话铃声，应准确迅速地拿起听筒。接听电话，以长途电话为优先，最好在三声之内接听。电话铃声响一声大约 3 秒钟，若长时间无人接电话，或让对方久等是很不礼貌的。即使电话离自己很远，听到电话铃声后，也应该用最快的速度拿起听筒。

e）认真清楚地记录。

随时牢记 5W1H 技巧：When，何时；Who，何人；Where，何地；What，何事；Why，为什么；How，如何进行。工作中，这些资料都十分重要。电话记录既要简洁又要完备，有赖于 5WIH 技巧。

f）有效电话沟通。

上班时间打来的电话几乎都与工作有关，每个电话都十分重要，不可敷衍。即使对方要找的人不在，也不要粗率答复"他不在"即将电话挂断。要尽可能问清事由，避免误事。

g）挂电话有礼貌。

要结束电话交谈时，通常由打电话的一方提出，然后彼此客气地道别；应有明确的结束语，说一声"谢谢"、"再见"，然后再轻轻挂上电话，不可只管自己讲完就挂断电话。

3. 售中跟踪

○礼仪公关

作为一个公认的品位人士，你当然不甘心在谈判桌前和同事穿同样的深色西装翻着乏味的尖尖的白衬衫领，甚至你还可能在对手身上见到同样的牌子。谁规定了谈判着装必须是所有职业装里最庄重、最正式的一类？虽然这些条条框框都是现实的存在，可是时尚发展的人性化趋势却让你有打擦边球的机会。

武器之一：时髦的正装。

　　既然不敢贸然地选择非正装作为你的"谈判服"，就可以在衬衣上、裙摆上做文章。现在的西方人经常会由衷地感叹上海、北京等地的大都市女郎们在街头保持着与巴黎纽约几乎同步的时尚敏锐，可是一进写字楼，姑娘们就变得老气横秋，尤其是深色套装里的尖领令人显得过于呆板。

　　现在时髦的职业装，应该在里衬有点闪光的弹力面料——低领而不暴露，它所传达的流行主题是"8 小时以后，你要去酒吧轻松一下"。那时里面的上衣正合时宜；还可以选择在肩头衣摆有精致刺绣的衬衣，从领口、衣襟时隐时现的浪漫会体现一种典雅的温柔气息。而这种感觉是优秀的职业女性所希望的。除此之外，还可以选择有着优雅的侧面开衩的套裙——只要面料上没有花纹，再古板的上司也不能将其封杀。

　　男孩子则可以用同色的衬衫和领带显示你不是一个只会看报表的家伙，虽然你得穿西装打领带，可是质地不同的衬衫和领带还是可以显示你是一个很有品位的男人。尤其是西装面料所发出的淡淡的光泽，也会在你侃侃而谈时令别人的头脑里留下你的"光辉形象"。

　　武器之二：专业人士的"随便穿"。

　　如果你从事的是电脑程序设计人员或者服装师以及其他从事创造性劳动的人士，爱怎么穿就怎么穿。无论是毛衫牛仔裤，还是运动便鞋和拉链衫，都可以堂而皇之地穿到任何一位大老板面前。因为你们心里都有数，他要和你谈的是你的设计而不是你的着装——你穿什么他才不在乎呢！

　　对你来说，一身黑衣的你可以从容地出现在任何场合。只要你能确定这次谈判的气氛并不太过正式，对手也是老相识，更可以放心地做你的时尚楷模了。

　　武器之三：小饰物定格调。

　　从现在的流行来看，选择正装与否并不是关键所在，最应该注意的是眼镜、手表、钢笔、胸针的品质以及发型的固定等小问题。

眼镜是你的一种道具，即使你并不近视也能用它传达你的职业形象，或前卫或娴静都可以用它们来演绎。其他像手表钢笔等也是品位的极好载体。

至于发型，整齐干净当然不能忽视，但也没必要为了一个重要的谈判专门去做一个庄重的新发型。

○ 拜访与谈判

A. 拜访

对于许多销售人员来说，拜访是一个非常棘手的难题，许多人都会觉得无从着手。可是，又必须得逾越它。要想扩大团队，提升业绩，就必须掌握拜访的技巧。

a）准备。

不打无准备之仗是常胜将军的秘诀，如果去拜访潜在合作伙伴，就要提前做以下准备：

一是心态上的准备。让自己处于工作的最佳状态。

二是服饰的准备。根据交流的地点和时间做出必要的调整，有利于你处于最好的状态。

三是工具的准备。名片、笔、记事本、公司资料册、计算器、价目表、公司小册子、做演示用的产品等。

四是外表。服装干净、整洁，职业化点。一般男士要穿西装，夏天不能穿拖鞋、短裤；女士不穿奇装怪服，更不能穿着轻佻。

五是要有礼貌，并且保持笑容。

六是寒暄。注意对方的聊天，把握其兴趣点，很好地结合你的服务截入谈话。

b）拜访地点决定成败。

拜访之前一定要安排好拜访地点，一般选择工业区或行业集中的地方拜访。每次见完客户后，如果还没有到下班的时候，就要尽一切可能地在附近做陌拜（陌生拜访），千万不能赶着回来，这样可以提高时间的使用效率。

c）如何做陌拜。

在做陌拜时，不要放过任何一个可以进去的机会，有时从外观上很难判断一个企业是否需要你的服务，必须尽可能地进去与之交谈后方可了解其意向。

拜访时，要利用各种方法进入客户的办公室。在门卫阻拦之间，你已经若无其事地走了进去，即使被门卫挡在了门外，也没关系，抓紧时间看看门卫桌子上的联系方式。

进入企业，如果遇上较为正规的企业，可能会有前台，这时要懂得如何"套近乎"，最好能快一点见到负责人。如果其执意不让进去，要利用时间找到企业负责人的信息！

d）克服陌拜恐惧症。

新人必须要克服陌拜的恐惧：

一是要有足够的被拒绝的心理准备，每一次成功都是从前一次拒绝开始的，如果非常顺利，是不可能轮到你来做业务的，拒绝很正常，无所谓。

二是常"阿 Q"一下。即使被拒绝了，也是客户不识货，这次不给面子，下次还要求着我做呢。

三是自娱自乐。每一次陌拜，都是认识新朋友的过程。

四是充满幻想，比如，"说不定下一个陌拜就是我签单的客户"、"一定不能放弃，不能偷懒"；自我施压，比如，"如果我连拜访都不敢，那还不如别做业务呢，我可不是一个孬种。"

e）敢于"放弃"。

在所有拜访的客户中，不是每个人都是你的客户。当遇到比较挑剔的客户或者不诚信的客户时，不如暂时放弃，等到空闲时，再一条短信、一句问候进行联系。假设一天要拜访 30 个客户，每一个客户的看法是不同的，要将时间花费在那些有可能买的人身上；有的客户就不用浪费时间，应该尽早放弃。

f) 拜访记录的填写。

不管是国内还是国外的营销员，不管是高手还是精英，都会写经营日志。若没有拜访记录，客户打电话想了解情况，聊了半天，但你却没有想起对方是谁，那就比较麻烦了。

应该做好拜访记录，比如自己是如何认识客户的，每次见客户的时间、地点，客户对你的看法，客户所说的话，客户所关心的问题，客户疑虑的问题，下次什么时候拜访等。这样，不管客户什么时候与你联系，你都可以想起第一次见面的情景，如此才容易拉近彼此之间的距离。

B. 营销人员的客户拜访技巧

业务人员经常谈起拜访客户时的苦恼，特别是新客户和初访，客户往往避而不见或者是在面谈两三分钟后表露出不耐烦的表情。这是为什么？

做销售有五大步骤：事前的准备、接近、需求探寻、产品的介绍与展示、缔结业务关系，而所有这些工作无一不是建立在拜访客户的基础之上。因此，作为一名职业销售人，建立自己职业化的拜访之道，然后成功地运用它，是突破客户关系、提升销售业绩的重要砝码！

现在，通过拜访和二次拜访两个模块探讨营销人员的客户拜访技巧。

a) 拜访时，让客户多说。

营销人员自己的角色——学生和听众；客户出任的角色——导师和讲演者。拜访流程设计如下：

一是打招呼。在客户未开口之前，以亲切的音调向客户打招呼问候，如，"×经理，早上好！"

二是自我介绍。介绍公司名称及自己姓名，并将名片双手递上。

三是破冰。营造一个好的气氛，以拉近彼此之间的距离，缓和客户对陌生人来访的紧张情绪；如，"×经理，我是您部门的××介绍来的，听他说，您是一个很××、××的领导。"

四是开场白。提出议程，陈述议程对客户的价值，约定时间，询问是否接受。如，"×经理，今天我是专门来向您了解贵公司对××产品的一些需求情况，通过知道你们明确的计划和需求后，我可以为你们提供更方便的服务，我们谈的时间大约只需要 5 分钟，您看可以吗？"

五是巧妙运用询问术，让客户说。

设计好问题漏斗。通过询问客户达到探寻客户需求的真正目的，这是营销人员最基本的销售技巧。如，"×经理，您能不能介绍一下贵公司今年总体的商品销售趋势和情况？""贵公司在哪些方面有重点需求？""贵公司对××产品的需求情况，您能介绍一下吗？"

结合运用扩大询问法和限定询问法。采用扩大询问法，可以让客户自由地发挥，让他多说，以便了解更多的东西，如，"×经理，贵公司的产品需求计划是如何报审的？"采用限定询问法，可以让客户始终不远离会谈的主题，限定客户回答问题的方向。如，"×经理，像我们提交的一些供货计划，是需要通过您的审批后才能在下面的部门去落实吗"就是一个典型的限定询问法。

对客户谈到的要点进行总结并确认。根据会谈过程中所记下的重点，对客户所谈到的内容进行简单总结，确保清楚、完整，并得到客户一致同意。如，"×经理，今天我跟您约定的时间已经到了，很高兴从您这里听到了这么多宝贵的信息，真的很感谢您！您今天所谈到的内容，一是关于……二是关于……三是关于……，是这些，对吗？"

六是结束拜访时，约定下次拜访内容和时间。在结束初次拜访时，应该再次确认一下本次来访的主要目的是否达到，然后向客户叙述下次拜访的目的、约定下次拜访的时间。如，"×经理，很感谢您用这么长的时间给我提供了这么多宝贵的信息，根据您今天所谈到的内容，我将回去好好地做一个供货计划方案，然后再来向您汇报，我下周二上午将方案带过来让您审阅，您看可以吗？"

b）二次拜访时，满足客户需求。

营销人员的角色——专家型方案的提供者或问题解决者；客户出任的角色——不断挑刺不断认同的业界权威。拜访流程设计如下：

一是电话预先约定及确认。如，"×经理，您好！我是××公司的××，上次我们谈得很愉快，我们上次约好今天上午由我带一套供货计划向您汇报，我九点整准时到您的办公室，您看可以吗？"

二是进门打招呼。第二次见到客户时，在他未开口之前，依然要以热情和老熟人的口吻向客户打招呼问候，如，"×经理，上午好啊！"

三是再次破冰。再度营造一个好的会谈气氛，重新拉近彼此之间的距离，让客户对您的来访产生一种愉悦的心情；如，"×经理，您办公室今天新换了一幅风景画，真不错啊！"

四是开场白。开场白的结构包括：确认理解客户的需求、介绍本公司产品或方案的重要特征和带给他的利益、时间约定、询问是否接受。如，"×经理，上次您谈到在订购××产品时碰到几个问题，它们分别是……这次我们根据您所谈到的问题专门做了一套计划和方案，这套计划的优点是……通过这套方案，您看能不能解决您所碰到的问题，我现在给您做一下简单的汇报，时间大约需要 15 分钟，您看可以吗？"

五是专业导入 FFAB，不断迎合客户需求。所谓"FFAB"就是：Feature，产品或解决方法的特点；Function，因特点而带来的功能；Advantage，这些功能的优点；Benefits，这些优点带来的利益。在导入 FFAB 之前，要对客户需求比重进行分析，排序产品的销售重点；然后，再展开 FFAB。在展开

FFAB 时，应简易地说出产品的特点和功能。应记住，客户始终是因你所提供的产品和服务能给他们带来利益，而不是因对你的产品和服务感兴趣而购买。

六是介绍解决方法和产品特点。程序如下：①根据客户的信息，确认客户的每一个需要；②总结客户的这些需要应该通过什么方式来满足；③介绍每一个解决方法和产品的几个重点特点；④就每一个解决方法和产品所带来的功能征得客户的同意，肯定能满足他的需求；⑤总结。

七是面对客户疑问，善用加减乘除。①当客户提出异议时，要运用减法，求同存异；②当在客户面前做总结时，要运用加法，将客户未完全认可的内容附加进去；③当客户杀价时，要运用除法，强调留给客户的产品企业利润；④当营销人员自己做成本分析时，要用乘法，算算给自己留的余地有多大。

八是求承诺与缔结业务关系。在这一步，要经历三个程序：重提客户利益、提议下一步骤、询问是否接受。当营销人员做完上述三个程序后，就要为客户描绘其购买产品或服务时所产生的愿景，刺激准客户的购买愿望。一旦捕捉到客户无意中发出的如下信息：①客户的面部表情，如频频点头、定神凝视、不寻常的改变；②客户的肢体语言，如探身往前、由封闭式的坐姿而转为开放式坐姿、记笔记；③客户的语气言辞，如"这个主意不坏"；等等。

如此，你就成功了！

C. 与潜在客户进行谈判的策略

谈判的终极目标是达成一个令相关各方均受益的长期协议。与潜在客户进行谈判时，采用以下 6 个策略，可以帮助你们建立更为牢固的关系。

a）心态要淡定。

大多数销售人员脸上都刻着"饥渴"二字，潜在客户一眼就可以看出。他们知道，只要略施心思，故意拖延一下，你一定会给他开出更好的价钱。

此时，你要做的就是淡定、淡定。

b）学会有效提问。

有效的问题可以引导大家集思广益，并在双方之间达成更大的理解。

c）认真倾听对方。

认真听对方的发言，在做出回应前细细揣摩其背后的意思；不要随意打断或反驳对方。

d）将事情说清楚。

你的任务是把事情说清楚，不要在你与客户之间筑起一堵墙。

e）多使用中立性语言。

不要随意做价值判断，应使用中立、描述性的词语。不要自诩为老师，要把自己当作是帮助潜在客户发现并解决问题的探索者。

f）动脑筋想办法。

当对方纠结于价钱时，可以开动脑筋想想别的办法。例如，给对方提供额外服务，提供团购价等。

4. 客户转介绍与内容再传播

○客户转介绍

开发一个新客户的成本是运营和维护一个老客户的数倍！老客户的转介绍，不仅曝光与传播效率更快，而且更容易获得潜在意向性客户的信任。所以我们需要高度重视老客户。

下面讲一个关于饭店利用老客户转介绍的典型故事：

北京，有个饭店刚开业不久，生意平平淡淡，可是后来老板利用现在的社区进行关系网营销，只要吃完饭，将饭店推荐给朋友，把这些菜拍个图发到微信朋友圈，写几个自己的感受，就打 9 折；转发到微博，就打 8 折；再转到 QQ 空间，继续打 7 折。经过每个客户的 3 次转发，曝光率相当大！这样，身边的朋友、同事、亲戚几乎都知道了这家餐馆。

对应到一般的做法，我们重视老客户，需要建立非常详细的客户档案资料。比如老客户的生日、手机号码等。在特定的日期，发出特定的祝福，老客户会有不一样的感动。

○内容再传播

我们也需要结合一下现在热传播途径，比如微信。我们将老客户加到我们的微信朋友圈，平常多对其日常生活予以关心和问候，让其由客户，变成粉丝，再变成"粉条"，最终变成"打粉机"。每一个老客户背后代表的都是亲戚、朋友、同学、邻居、同事、客户等多重圈子。我们发展了一位铁杆粉丝，就会带来一大群粉丝。所以对于老客户我们要予以高度重视。

5. 电商是视觉营销

"视觉营销"这个词这两年尤其火，特别是在电商领域得到充分体现。那么，什么是电商视觉营销？就是在客户的视觉感官上下功夫，引起客户的共鸣，产生对产品深刻的认同感，从而达到营销的目的。在这个过程中，视觉是手段，营销为目的，所有视觉效果的实现都以营销目标为前提，这就是视觉营销。

电商视觉营销，可以最大限度地促进产品（或服务）与消费者之间的联系，最终实现销售（购买），同时是提升视觉冲击影响品牌文化的手段之一。科学分析论证表明：人的五感中对人的思维判断影响最大的就是视觉，占比有83%，剩下的17%分别包括了听觉、触觉、嗅觉、味觉等。电商中销售商品都是通过网站呈现的，客户摸不着，也不能试穿，只能通过视觉判断产品好坏、要不要买。所以，网站的视觉对顾客的影响重要性占比为100%！

对于电商来说，视觉营销关键点主要在于店铺整体设计和宝贝详情页的完善，应充分利用视觉冲击、色彩调和、页面布局等来吸引消费者，完成交易。

○做好文案

成熟的大店，其文案和产品体验系统都会做到非常优秀的地步。如图3－2的韩束化妆品。

图3－2　韩束化妆品文案

拆分文案：3 秒卸妆、0 刺激、细致毛孔、超保湿……将这些文案重新组成自己家商品的文案。

○想好色彩

一个"宝贝"详情的色系是能够给消费者传达心理暗示的一种最直接方式。如图 3 - 3 所示。

图 3 - 3　网店"宝贝"详情的色系

图 3 - 3 给大家的第一感觉是什么？宽松、花朵、干净，这就是此件长袖针织衫需要传递的第一信息，无论宝贝好不好，价格有多便宜，要传递的就是那种高大上，还有契合产品的气质！

○做好布局

一个爆款详情所要给消费者呈现的信息与普通产品的信息肯定是不同的。

表现手法不同，效果会有所差异。打开浏览器，采用整个网页截图的方法，抽出一个爆款详情缩小。如图 3 - 4 所示。

图 3 - 4　某爆款电风扇截图

这幅图就很好地展示了商品的优势：超密风罩、上面板、旋转式升降设计。

好的电商视觉营销，会用干净的版面让客户感觉舒服，用吸引人的图片和简单新颖的文案，告知客户应该做什么，在我这能得到什么。

如果网站让用户摇摆不定、漫无目的，或者给他们太多选择，这也会"赶走"他们。若客户花了很长时间才能在网站上找到他们需要的信息，他们将不会再次光顾你的网站。精细化的视觉营销与交互设计是一个网站甚至网页最重要的营销策略。

在淘宝买过精油的人都知道阿芙，其产品从质量、款式、设计来说不见得多好，但却是淘宝公认最火的精油店之一，同样也是视觉营销做得最好的店之一。

只要去阿芙的网店逛过的客户，都会对其印象深刻，它给客户心里留下鲜明的品牌形象和产品风格。极具个性和档次的产品特写，目的清晰别致的主题海报，那个在紫色薰衣草花海奔跑的少女，正是这些精细化的视觉营销手段，让众多客户为其倾倒。如图 3 – 5 所示。

图 3 – 5　阿芙极具个性和档次的产品特写

试想，如果阿芙没有给大家留下强大的视觉冲击力，怎能做到淘宝全网销量第一？所以说，高品质商品 + 精细化的视觉营销是电商最有力的竞争武器。

第4章 企业文化价值篇

世界上一切资源都可能枯竭，只有一种资源可以生生不息，那就是文化。

——华为技术有限公司创始人、总裁任正非

1. 创始人和企业文化

企业创始人的性格和胸怀决定着企业的未来！关于这一点，从几个创始人的身上可以看到！

○史玉柱的人格魅力

史玉柱，出生在安徽北部的怀远县城。研究生毕业后，他决定辞职创业。飞往深圳时，他的家当只有东挪西借的4000元，以及耗费9个月心血开发出来的M-6401桌面排版印刷系统。1989年8月，他利用《计算机世界》先打广告后收钱的时间差，做了一个广告："M-6401，历史性的突破"。4个月后，他赚了100万元。拿着这笔钱，史玉柱便以"蓝色巨人"IBM为目标，创办了巨人公司。截至1993年7月，巨人集团已成为全国第二大民办高科技企业，拥有M-6405汉卡、中文笔记本电脑、手写电脑等5个拳头产品。

1994 年初，珠海巨人大厦动土。这座最初计划建 18 层的大厦，在众人热捧和领导鼓励中被不断加高，升为 70 层，号称当时中国第一高楼，投资也从 2 亿元增加到 12 亿元。1994 年，史玉柱发现了保健品的潜力，脑白金项目开始起步。1996 年，巨人大厦资金告急；1997 年初，巨人现金流彻底断裂，巨人大厦停工。

"巨人倒下"后，负债 2.5 亿元的史玉柱悄悄地离开了广东。幸运的是，受到重创的史玉柱，还有一个 20 多人的管理团队。为了尽快还债，他决定做保健品！

1998 年，史玉柱从朋友那里借了 50 万元，开始运作脑白金。他以江阴作为东山再起的根据地，脑白金以"大赠送"的形式正式启动。此后，史玉柱如法炮制攻下一个个城市。到 2000 年，公司创造了 13 亿元的销售奇迹，在全国拥有 200 多个销售点，规模超过了鼎盛时期的巨人。

2000 年秋天，史玉柱还清了全部债务。

当史玉柱负债累累的时候，整个团队无一人离开，其人格魅力由此可见一般！不可否认，成功的企业家都有着无限的个人魅力！

○马云的武侠文化

马云外号"风清扬"，最钟情的就是金庸武侠，深受其影响的阿里巴巴更是一个充满武侠味道的江湖。从"独孤九剑"到"六脉神剑"，阿里巴巴的武侠文化深刻而又坚定地影响着每一个进入公司的员工。

2000 年，阿里巴巴推出了名为"独孤九剑"的价值观体系，主要包括群策群力、教学相长、质量、简易、激情、开放、创新、专注、服务与尊重。这"九剑"帮助阿里巴巴度过了艰难的创业期。现在，"独孤九剑"已经被精炼成了"六脉神剑"：三剑说做人，诚信、激情和敬业；二剑说做事，团队合作、拥抱变化；一剑刺中要害，说的是"客户第一"。

在淘宝网，所有的员工都拥有属于自己的独一无二、耳熟能详的武侠"花名"。段誉、语嫣、乔峰、胡斐、小龙女等来自金庸小说的"武侠人士"出没周边，而"风清扬"也会在论坛里面偶尔出没。

在阿里巴巴，员工讨论江湖大事，不是聚首"光明顶"，就是笑傲"侠客岛"，因为这里所有的会议室也都是以金庸武侠小说里的地名命名的。

武侠文化中的正义感和团队精神渗透到了公司员工的一言一行，并在创造商业价值上频频发力。这种基于中国传统文化与武侠文化构建的企业文化在创业初期具有很强的凝聚作用与文化认同感。

2. 企业的人才战略

○引入"空降兵"常见的几大问题与风险规避

企业的发展需要良好的人才保障，这促进了企业培训行业的发展，而一直以来，人才都是比较缺乏的，所以很多企业会高薪引入外来人才，也就是所谓的"空降兵"。而对于这方面的人才，企业所面对的不确定因素往往会加大。

A. 引进空降兵有三忌

引入空降兵，是企业发展的必需。对企业来说，要成功地引入空降兵，有三忌：

a）一忌救命稻草。

有家集团公司，内外部隐藏的矛盾较多，目标不明、利益格局复杂，组织架构一直难以确定，决定通过引入空降兵缓冲和化解矛盾，视拟引入的空降兵为救命稻草：人未到，组织架构已围绕新高管进行调整，职责重新划分，大会小会、正常渠道、非正常渠道把新高管描述得有如神人，仿佛只等他一到，企业立刻就能焕然一新、旧弊尽除、高远目标指日可待。

遗憾的是，一个空降兵来了两天，走了；另一个要来，又调整组织架构、岗位职责，两周后走了；再调整，第三人没有入职……企业的运营还得继续，没有人入职，职位一直空着，组织架构一直议而不决，原有的队伍人心不稳、犹豫观望、出工不出力。

引进高管，一定要以现有的班底为主！

无论在入职前的沟通中谈得有多投机、感觉有多好，哪怕是孔明再世、云长重生前来助你，也不要把企业的全部希望寄托在他的身上———一定要清醒地意识到局外人与局内人的视角和行为是不一样的。

人与企业，一定会有一个磨合期，这是一个双向评估与选择的过程。即使抱再高的期望，也不要急于一时。磨合期之后，等他熟悉了企业、与团队磨合好了、站稳了脚跟，再逐步委以重任，空降兵才能真正救企业！

b）二忌抑旧扬新。

为了引进高管，有些企业会突出对空降兵的重视，往往在沟通时强调原来的团队成员观念陈旧、知识和能力都有缺陷，已经跟不上企业发展的脚步，所以需要空降兵这样优秀的人改变企业、推动企业的快速发展。

这种信息会导致两方面的严重后果：

一方面，空降兵被灌了"迷魂汤"，忘了自己究竟有多大能耐，对企业老人表面谦逊尊重，骨子里却瞧不起。工作过程中以自我为中心，看企业、看人全是毛病，制度、流程全部另起炉灶，美其名曰：你们不行，所以才找到我，当然要听我的，就得按我说的做！

另一方面，老板对新人的过高评价，等于将新人推向团队的对立面，大家对新人怎样翻云覆雨、扭转乾坤拭目以待，与新人的工作配合表里不一、出工不出力、暗地里较劲，效果何来？

企业引进高管，要客观评价企业现状和团队成员，优点、不足都要准确，不要让新人误判形势和自我而盲目自信，更不要让现有的成员内心受伤。

c）三忌定位不明。

很多企业引进空降兵并没有明确的定位，职位、职责、待遇心底没数，而是通过沟通临时设定职位、空降兵自拟职责、待遇拍脑袋决定，如此很容易出问题。

一家化工技术企业要引进 HRD 和安全部长，一位国企安全保卫部门背景的候选人应聘安全部长。在和老板沟通之后，老板立即拍板，该候选人以 HRD 的职位入职，不再设安全部长一职，HRD 和安全部长的职责合并。事实上，这位候选人从没做过人力资源工作，只是因为老板特别重视安全，认为 HRD 的重要工作是狠抓员工的安全意识而已。

究其原因，是因为企业对拟引入人才的职位、职责、业绩目标没有清晰的定位和描述，导致沟通中没有评价的标准，而是靠感觉、心情；更多的时候是受候选人沟通能力的左右忘记初衷。

企业或许并不在乎给出什么样的待遇，只在乎是否找到了对的人。但如果没有定位、没有标准，无论给出什么样的待遇，企业都将面临极大的风险。

B. 如何管理空降兵

如果通过内部培养充足人才队伍，虽然忠诚度高，可是时间较长；但如果使用空降兵，虽然能力上来了，可是忠诚度又不足。用不用空降兵，如何用，成为企业面对的难题。如果企业希望空降兵落地生根发芽，应做到以下几点：

a）降低对空降兵的期望值。

很多企业在引入空降兵后，抱有太大甚至是不切实际的期望，比如，期望3个月内能扭转公司的业绩、改变公司的一些不良习惯，结果往往招致失败。因为空降兵刚到企业，公司文化不清楚，人员不熟悉，同僚们还带有敌意，这时如果一上来就"三把火"做业绩，失败的概率非常高。

b）给空降兵一个适应的周期。

成功案例告诉我们，空降兵进入新环境，应以熟悉环境为主，不要急于做业绩。可以让他们先在副职、助理的位置做一些时间，然后再进入角色。

c）充分信任空降兵。

很多空降兵之所以失败，是因为引入者产生了怀疑，并非是空降兵不好，也并非是管理者前期看走了眼，而往往是期望太大造成了失望，也或许是受管理者本人的风格影响。

○空降兵如何快速适应企业

研究发现，国内企业招聘空降兵的阵亡率高达90%以上，而且大部分都是在很短的时间内就阵亡。一方是求贤若渴，一方是急找"明主"，可是接触一段时间后便分道扬镳。如何解释这种现象？

A. 空降兵不适应企业的原因

仔细研究起来，导致空降兵离职的原因，可以从两方面说明：一个是企业，一个是空降兵自己！我们这里要说的是企业角度的问题。从企业方面说，主要有以下一些深层次的原因：

a）空降兵权力不到位，工作不好推进。

一些企业以人治为主，即使引入了空降兵，员工依然唯老板马首是瞻，空降兵无法发挥作用，工作推不动。有的企业，尽管请来了空降兵，但职权范围不确定，老板的权威高于一切，经常会有意无意地更改空降兵的决策，导致空降兵无法发挥作用。

b）老板不能完全信任空降兵。

有些老板希望高薪聘请的空降兵全面负责工作，给企业带来新的变化，可是又担心其能力不足；希望其推动变革，改变企业原来不良工作作风，又担心引起内乱；希望空降兵引进新的管理理念，又担心其理念水土不服，不能达到效果。结果，犹豫不决，半信半疑，空降兵的改革方案不能完全落实。

c）企业中存在改革的绊脚石、拦路虎。

经过多年发展，总会有一些资格比较老、从底层上来的员工，引进空降兵后，如果心态不好，他们可能会感觉受到威胁。为了保护个人利益，会自觉不自觉地产生抵触情绪，会到老板那里诉苦。众口铄金，久而久之，老板就对空降兵不信任了。

d）企业缺少合理的绩效评价手段。

有些空降兵到企业工作一段时间后，也取得了一定的业绩。可是，由于评价手段不公正或者难以达成一致，激励方面出现问题：原来讲好的不兑现、得到的奖励与个人期望达不成一致，最终双方分道扬镳。

B. 让空降兵适应企业的方法

根据上面的分析，企业完全可以从以下几个方面着手：

a）空降兵进入企业总要有熟悉的过程，虽然要快速见效，但也要给出合理的热身时间，先让其进入状态。

b）空降兵进入企业，要明确工作目标，制定工作计划，通过短期工作计划的实现情况检查找出不足。要对空降兵的不足之处加以指导，加强培养，使其尽快成长；要完善绩效考核机制，积极兑现当初的承诺。

c）老板要转变角色，学会放权与授权，在结果导向和过程监督中发挥空降兵的作用，促进企业发展。

d）空降兵到位后，老板的工作重心可能会转移，从而沟通减少。可是，即使这样也要保持必要的沟通，这是彼此间产生信任的前提。

e）空降兵到企业中总会遇到这样那样的问题，老板要对空降兵大力支持，为其提供各种必需资源，使其有发挥的空间和条件。

f) 对引进来的空降兵，可以先放到管理支持岗位上过渡一段时间，待其认同企业、融入企业之后再委以重任。

○ 人才的阶梯培养

人才梯队的培养是现代企业人力资源管理的关键性指标之一，企业的管理水平可以达到什么程度取决于其对人才开发的水平。对人才开发水平的衡量标准，则以人才梯队培养为主要指标。

那么，如何建立并完善企业后备人才梯队管理机制？基于项目经验及个人积累，个人认为，企业应抓住以下几个环节开展相关工作：

A. 以企业战略为出发点

企业后备人才梯队的建设和管理应以企业战略为出发点。企业战略是公司发展的目标，基于此目标产生人才需求，不同企业，不同的发展阶段，战略目标是不同的，因此对人才的需求也是有差异的。

比如，为实现快速扩张，有的企业针对店长制定了"百名店长工程"的人才储备和选拔；为了夯实管理基础，有的企业针对中层及基层管理干部建立人才储备和选拔机制。

在建立企业人才梯队机制时，要明确企业发展战略，形成清晰的人才发展思路，在此基础上进行后备人才评估、培养和选拔工作。

B. 建立良好的企业文化

良好的企业文化对后备人才管理体制有效运行具有积极的促进作用。

人才梯队建设及管理应得到企业高层的支持，需要其调动整个企业各个方面的力量进行推动。企业 HR 应加强人才梯队建设的宣传工作，让部门负责人充分理解并支持和配合：一方面，可以将人才梯队计划在公司范围内进行宣传；另一方面，督促和指导部门负责人将计划贯彻落实到部门中去，在全公司形成一个良好的运行氛围。

C. 建立合理的人才发展通道

企业应该为后备人才建立良好的发展通道，通过 HR 与员工个人的面谈沟通确定其发展目标和通道，激励其不断提升自己的能力，实现个人职位提升。

一般地，企业应为员工设置管理类和专业类通道，让员工依据自身岗位和条件，选择适合自己的发展通道。同时，员工可以根据自身条件选择横向流通。

D. 建立合理的人才梯队

人才梯队的划分是结合企业战略和业务现状做出的，企业中针对管理人才建立的人才梯队较多，一般分为 3 层：高层、中层和基层。同时，有越来越多的企业针对专业类人才建立后备人才梯队，包括技术类人才、操作类人才等。

建立怎样的人才梯队，放哪些人、分几层？这些问题需要企业做出分析和判断。总之，人才梯队应与企业战略和人才战略相结合，保证人才梯队对于企业战略的保障作用；不仅要认真分析企业目前人才现状、未来的人才需求，还要与企业高层进行深度沟通，清晰地把握企业的战略发展方向，以便做出正确的人才梯队建设的决策。

E. 完善入库选拔机制

企业应建立完善的入库选拔体制，保证绩优及有潜力的员工能够进入后备库进行培养。

a）明确入库选拔标准。

一般地，对于入库人员，企业应关注其现有绩效和潜在能力两方面：

入库选拔标准一般包括企业通用标准和各类人才具体标准。通用标准体现了企业人才核心价值观，包括对企业文化的认同度以及与企业核心能力素质的契合度等方面。具体标准是针对各类后备人才，包括员工基本条件（学历、经验、年龄等)、知识、技能、能力素质、个人绩效等方面。

满足通用及具体入库条件的员工，通过选拔流程即可进入后备库进行培养。后备人员入库选拔标准的确定依据企业人才现状而定。一般来说，后备人才应该为各层次人才综合成绩 75 分位以上的人才。企业可设定一定的选拔比例限制入库人数。对于不同类别的人才，入库比例可不同，一般地，对于职级较高的人才入库比例较低。

b) 选择入库选拔方法。

首先，不同的选拔内容应采取不同的选拔方法进行选拔：

对于基本条件，企业可用背景调查法、证书审查法等方法对于后备人员学历、经验等方面进行审查；对于员工知识、技能可采用笔试、面试等方法进行评估和选拔。

对于员工能力素质，可使用心理测验、评价中心等方法进行。

对于员工个人绩效，可结合企业绩效考核，使用 KPI、BSC 等方法进行考察。

其次，企业应采用多元化的考察方式，增强选拔的科学性。入库选拔对于企业 HR 有较高的要求，企业可委托专业机构进行，保证入库选拔的科学性和客观性。

最后，建立并完善入库选拔管理流程。企业应制订完善的入库选拔流程，明确各环节时间节点、责任人、成果输出等。在入库选拔流程中，企业 HR 应与责任人做好宣贯及对接工作，通过召开相关会议，保证选拔工作顺利开展。企业应制定合理的入库选拔周期，选拔周期一般为一年。选拔周期与培养周期应保持一致，便于统一进行动态管理。

F. 完善培养管理机制

对于进入后备库的员工，企业应创建良好的培养环境，采用多元化的培养手段对后备人员进行针对性的培养。

a）选择合理的培养方式。

人才梯队培养方式有很多种，包括培训、轮岗、导师、挂职等方式。各种培养方式适用性也不尽相同，因此对于不同类别的人才，企业应选择适当的方式进行培养。例如，对于技能类的员工可采用"师带徒"、"岗位练兵"等方式进行培养，提升员工技能水平；对于管理类的员工可采用"挂职锻炼"、"轮岗"等方式进行培养。

b）完善培养流程。

企业应制定并完善后备人才培养流程，明确各环节时间节点、责任人、成果输出等。在培养流程中，HR 应充分调动相关部门责任人培养后备人员的积极性，通过相关规定明确他们在培养中的义务和责任，保证培养效果；在后备人才培养流程中，企业需关注后备人才发展目标的制定，通过 HR 与后备人才的面谈制定人才发展目标，并形成人才培养计划和行动方案，依据培养行动方案进行后备人才培养工作。

c）做好培养考核工作。

企业应通过培养考核对后备人才培养效果进行评价，明确后备人才能力提升情况，及时发现其在培养过程中的问题，通过面谈沟通为后备人才确定新的培养目标。

培养考核结果也是后备人才梯队进行动态更新的主要依据，一方面，对于考核成绩优秀的后备员工可以为其确定更高层次的培养目标和计划；另一方面，对于考核成绩较差的员工可以视情况对其进行重新培养或使其直接退出后备人才梯队。

G. 完善人才梯队退出机制

后备人才梯队应进行动态管理，保证企业最优秀（或最具潜力）的员工能够进入后备人才梯队加速培养。人才梯队动态管理的终端是退出管理，企业应建立合理的退出机制，使人才梯队管理与企业内部选拔和晋升机制对接，对后备人才产生良好的激励作用。

一方面，对于表现优秀的后备人才，经过一段时间的培养之后，在企业出现空缺岗位时，这部分后备人才可以获得优先晋升的机会；另一方面，对于表现较差的后备人员，依据后备人才梯队淘汰机制进行淘汰。企业应制定合理的淘汰机制，通过建立淘汰机制充分调动培养对象的积极性。

H. 与其他人力资源体系相结合

人才梯队建设及管理不是一个单独的系统，它是人力资源工作中的一个子环节，要想发挥人才梯队的作用，就要将人才梯队机制与其他人力资源体系结合起来，包括招聘管理、绩效管理、培训管理、员工发展等。企业应做好人才梯队管理机制与其他管理体系的对接，保证其良好的运行和管理。

3. 企业文化传承

企业文化集中体现的是一个企业经营管理的核心主张，公司越大，越要靠文化治理，制度也是为了强调文化，所以树立文化、建设文化并有效地传承文化，是每个公司迫切需要重视的问题！

如今，越来越多的企业开始重视企业文化的建设，重视文化对提升企业竞争力和软实力的推动作用。在企业内部，企业文化更多的是一种自上而下、自内而外的传承，企业文化理念的确立并不难，难的是如何将文化不断传承和推广下去，使其深植于企业的经营和管理中。

那么，企业文化如何才能有效地传承下去呢？将抽象的企业文化理念具体化，建立科学的企业文化传承机制，制定相关的制度保障等，都是企业文化得以传承的有效途径。

○将抽象的企业文化具体化

企业文化的相关理念本是复杂和抽象的，如果不对其加以解释或者描述，可能难以达到理想的宣贯效果。海尔张瑞敏就曾说过，"在确立企业价值观时，提出理念不算困难，让人认同一个理念才是困难的"。那么，海尔是通过什么方式让全体员工认同海尔的企业文化理念，并将其延续和传承下去的？

在海尔，"来自员工的画与话"帮助海尔解决了企业文化理念抽象难懂的问题。海尔员工通过自己对企业理念的理解画漫画，把非常复杂的企业文化理念用非常具体的、简单的图画进行诠释，帮助更多的员工理解和认识了企业文化。

这些漫画中，其中有一幅画的是斜坡上有一个小球。旁边写道：企业好比在斜坡上的球，企业要想越做越大，必须依靠两个力：一个是止动力，不能让球滑下来，这是基础管理；另一个是上升力，即创新。以此来诠释海尔"斜坡球理论"的哲学创新理念。

还有一幅漫画的主题是："市场是每一个人的上级。"画面上画的是一个"两面人"的员工，他对上道工序说："我是你的用户，绝不接受你带有缺陷的产品。"他对下道工序则很谦逊、很小心地问："你满意吗？"这幅画诠释了海尔"人人都有一个市场"和"人人都是一个市场"理念的内涵。

海尔将这些漫画张贴在每一个车间和其他公共场所，并汇编成册发给员工，成为海尔推广企业文化的好教材。

海尔的这些推广和传承企业文化的做法值得其他企业借鉴和学习，通过漫画和故事的形式，将深奥的企业理念故事化、形象化、直观化、通俗化、简单化，便于员工理解和接受，更利于企业文化的有效传承。

○建立企业文化的传承机制

传承企业文化需要建立完善的企业文化传承机制，搭建文化理念的灌输通道。企业可以把企业文化培训、文化活动、评先树模和管理者的表率作用作为重要的文化载体，使文化得以有效落地。

新员工企业文化培训是传承机制的一部分。在每位新人入公司时，很多企业都有相关技能和素质培训。在这些培训过程中，不能忽视对企业文化的培训。只要每一个新来的人员都能感受到企业内在的这种文化，并加以理解和深入感知，企业文化就能够通过时间传递给企业的每一个人，并不断被放大。

开展企业文化活动是为了让更多的员工参与企业的文化建设，亲身体验和感受企业文化内涵。诸如户外拓展活动，对企业文化中强调的团结、合作和创新是一种很好的诠释；又如先进典范评选活动，不仅能增强获奖员工的荣誉感和归属感，也能形成榜样的力量，使企业文化最终成为指导员工的工作和行为准则。

企业文化的传播和推广是一个长期的过程，必须分阶段、分步骤展开，每一个阶段都侧重不同的主题，形成一个持续的过程。企业发展道路有多长，企业文化建设的过程就应该有多长。有优秀的企业文化，更要有与之配套的文化传承机制，才能使企业文化在企业发展的各个阶段发挥积极的推动作用。

4. 典型企业组织构架与文化匹配

○谷歌公司文化成型与影响

谷歌从来都不会遵循企业界遵循的规则和逻辑。别人眼中的机遇，谷歌嗤之以鼻；别人眼中的黑洞，谷歌重金打造；全世界认为是尴尬的产品叫停，谷歌却骄傲地宣布出来。

谷歌的举动牵动着消费者和合作伙伴的神经，特别是为金融分析师带来了不少麻烦，因为他们不得不告知人们是否该购买谷歌股票。

对谷歌来说，它的所作所为并非毫无意义。谷歌遵循着不同于其他公司的规则，其特别之处主要体现在 3 个方面：企业文化、企业管理和个人政治。

A. 谷歌文化：你即你所为

大部分公司的战略性思维形成于其商业模式，企业会提前为自己的产品做长期规划，这种思维控制着 20 世纪的大公司，也在各类商业图书和商业学校课堂中体现得淋漓尽致，而谷歌却与传统思维"背道而驰"。

谷歌作为一家大型科技公司，为其率先专注快速反应引以为荣。谷歌完全是由工程学博士控制的，他们并不赞同模棱两可的具有指示性的陈词滥调。工程思维的关键在于使用科学的方法：鼓励达尔文主义的市场理念，通过控制试验检验那些理念，基于试验数据做出决定。

谷歌的不同寻常之处在于，它将工程师对于科学方法的热爱和网络的快速迭代开发融合在了一起。有了这两个特点，谷歌就成了一个短期科学试验的集合体。

为什么谷歌关闭了人们最爱的产品？对于很多公司，关闭产品并不是件引以为荣的事。这让消费者大失所望，表示公司承认了自己的失败。大多数公司试图把产品关闭粉饰成资源重新分配，或者用其他故弄玄虚的言辞搪塞过去。如果以科学方法的眼光看，谷歌的每个项目都是一次试验，是试验就要定期反思，试验结束之时，要么继续，要么停止。事实如此，谁都知道这是最好的结果。谷歌宣布关闭产品并不是承认失败，而是自豪地展示运用其中的科学原理。

B. 谷歌的管理：这里是谁说的算

谷歌虽然具有一般上市公司的股票和其他属性，可是 56.7% 的投票股权都掌控在谢尔盖·布林和拉里·佩奇手中。只要他们还是朋友，就可以在公司做任何想做的事。

谷歌用短期的不可预料的规划周期追求长期的目标，坚持不懈地追求目标，但其短期行动看起来比较随意，因为这些行动只是沿途的一次次试验而已。

C. 谷歌政治：拉里·佩奇

谷歌的第一任 CEO 是佩奇。当时投资人认为佩奇和布林需要引进专业的管理人士组织公司，最终埃里克·施密特在 2001～2011 年担任谷歌 CEO。

在此期间，佩奇是一名学徒，主动向埃里克学习管理。虽然他和布林当时控制着整个公司，可以随时将其驱逐。尽管佩奇同意为埃里克工作是必要的，佩奇也很欣赏他的智慧，合作也颇有成效，但个中辛酸又有谁知道。终于在 2011 年，佩奇又重新担任谷歌 CEO。

佩奇迅速地重整公司，加紧关闭项目。以 120 亿美元以上的价格收购了摩托罗拉，这是其担任 CEO 以后的首个主要业务。

D. 谷歌为何收购摩托罗拉

2011 年的谷歌虽然仍然具有巨大财源，但已不再是业内充满活力的新星。Facebook 像野草一样生长的同时，谷歌却没有提前意识到威胁的存在。谷歌在移动业务方面的对手是苹果，当时许多人认为谷歌注定在移动领域甘拜下风。

可是，收购摩托罗拉却为谷歌创造了机会：苹果在系统设计方面颇有建树，谷歌朝着移动硬件方面大步迈进，收购摩托罗拉便是有利的开端；即使不需要摩托罗拉的硬件业务，也会学到很多管理知识；与其为很多专利埋单，倒不如收购整个公司。

○华为公司文化成型与影响

华为文化不是弘扬出来的，而是考核出来的！

华为的企业文化是什么？按任正非的解释：华为文化是包容性的洋葱头，不断地吸纳别人优秀的文化，把自己的文化做大做强；华为文化是可可西里的电影和残疾人表演千手观音，归纳为 8 个字——"追求完美，无私奉献"。这就是华为主张的文化。

有人总结华为的文化具有狼文化的四大特征：敏锐的嗅觉，时刻关注外部机会，比别人快半步；强烈的进攻意识，一旦发现机会，就会本能地冲上去，不讨论、不开会、不汇报；不是一只狼扑上去，而是一群，讲团队精神；团队在扑上去的时候不是一窝蜂，而是有分工与合作，有主攻、有副攻，甚至还要做出牺牲。2005 年，华为确实制定了一个"狼狈计划"：一线的营销人员就是狼，攻城略地，扑上去；总部这些人就是狈，为狼的进攻提供强有力的资料。

华为公司是以奋斗者为本的公司，确定的是以奋斗为主题的文化。华为公司所有制度、政策都是以奋斗定位的，不能奋斗者就不是华为人，就要被淘汰。华为建立的各项制度的基本假设是员工在努力奋斗，而公司绝不让雷锋吃亏。

"以客户为中心"不是一条标语，为了将这个基本主张贯彻下去，华为通过制度、流程变成了每个人自主的行动。华为本身就是奋斗者，长期坚持以奋斗者为本。至于艰苦奋斗到什么时候，没有限定。

20 多年来，华为之所以能走到今天，依赖的是上述三条成功经验，这也是华为比竞争对手做得好一点的真正原因。华为的未来还要取得成功，要继续这么做下去，就这么简单！

A. 华为文化如何落地

华为文化传递来自于制度，而不是来自于任正非一个人。任正非的力量有限，他的影响力也有半径的曲线，而制度却是没有边界的，这个制度可以管七八百人，也可以管七八千人，还可以管十几万人，所以文化建设的核心问题是文化的落地。可是，依靠什么让文化落地？制度！

a）建立企业宪章。

把文化说清楚，还是在墙上贴标语。华为向往什么？追求什么？主张什么？反对什么？都通过华为宪章表现出来。让员工认同华为文化，核心是通过宪章规范，针对不同层级的员工管理，统一牵引大家向着华为向往的方向发展。

b）高层以身作则。

俗话说，上梁不正下梁歪，一定要让员工知道管理者是怎么想的、怎么做的。在这点上，以任正非为代表的高管，确实在忠诚、信仰自己的文化，这是文化的一个重要部分。

每到月底的时候，任正非都要把自己的手机通话记录打印出来。他的手机话单很长，任正非会带上老花镜，对所有的电话进行分辨：这个电话是打给夫人的，不能报销；这个是打给家里办私事的，不能报销。

c）全员普及传承。

华为的文化传承，靠的是制度杠杆，迫使每个华为人有文化。华为的文化主要是靠文化制度传递的，而不是靠人传递的。最主要的作用是靠华为的劳动态度考核，且形成了一个机制。华为以一贯的低调作风成为了中国企业里的神秘刺客，其中孙亚芳一手建立的市场体系令竞争对手胆战心惊。孙亚芳在主管市场时开始着手华为"狼性"营销文化的建立，曾经有位华为销售员工描述自己的经历就足见华为"土狼"文化的可怕：

有一次，我去给电信局长送一份资料，这是我第一次见他。早上8点我到了他的办公室，他说要开会，你等等吧！于是，我就选了一个能看到他会议室的位置等着。他出来两次，我都迎了上去，他说还要继续开。一直等到中午，他出来了，我连忙上去，他告诉我，他要去吃饭，你改天再来吧！他走了，我还站在那里。1个小时后，电梯门打开，从里面出来的局长抬头看到我，一愣："你怎么还没回去啊，到我办公室来吧。"

d）通过制度牵引。

华为的文化最核心、最关键的是通过制度使文化落地，华为的制度为华为文化提供强有力的支撑，能够变成生长在大地上活生生的文化。

华为的基本准则是很厚的一本书，里面有各种基本的行为准则。行为准则不是说绩效，而是说作为华为人的最基本的规范。比如说：着装、坐电梯让客人先行、让女士先行；草稿纸正反面用等行为规范。

B. 华为文化是考核出来的

华为的文化不是弘扬出来的，而是考核出来的；不是培训出来的，而是给"逼出来"的。通过考核制度使每个人真正认同文化。

华为的劳动态度考核使用的是关键事件法，不是靠主管打分，而是用关键事件来判断。一个季度考一次，一年考五次。第五次是总评，总评得出一个总分：今年的劳动态度是多少？考完了怎么办？

考完了，考核结果和退休金挂钩。退休金不取决于你在华为的工龄，而取决于你在华为劳动态度考核的结果，取决于晋升。考核直接与个人利益挂钩，同时作为确定工资（主要是加薪）、奖金和股金的依据（华为员工持股），这样就产生了一个机制。

华为考核的最终目标是不让雷锋吃亏，奉献者会得到合理回报，同时偷懒者则会得到惩罚。华为一直都在用制度培养优秀企业文化，而不是仅仅用道德和说教培养文化，相信制度的力量，相信优秀文化的力量。

○百度公司文化成型与影响

有人评价百度的成功在于：目标明确，市场定位准确；头脑冷静，不跟风，不抢潮。其实，用这句评语描述其创始人李彦宏的性格特点也是非常适当的：他知道自己想要得到的是什么，他一直坚信 ASP 商业模式必将获得成功，他知道自己所专注的；在互联网高潮时，他能预言对于国内公司的烧钱做法，国外的投资人要吃亏；在互联网低谷时，他鼓励员工不要只看到眼前利益，要把眼光放得长远些……

百度公司的创业因子，带有浓烈的硅谷文化，并在中国本土继承和发扬。没有严格的等级观念，可以自由发言。随着公司的扩大，这种文化还在延续……

李彦宏稳健的风格不是同龄人都能具备的，于是百度秉承了这种风格。2000 年 1 月 1 日，李彦宏面对 5 个员工宣布了两条公司制度：公司里不许抽烟和带宠物。共同的海外背景面对同样的本土环境，李彦宏和合作伙伴徐勇分别负责技术和销售，二人一直是密切合作与互补，虽然有分歧，有争吵，但遇到困难时大家都会同心协力一起扛过去。

在浮躁的互联网产业，李彦宏以一种另类的平和心态，不急功近利，不随波逐流，专注经营着搜索领域中的自己这"一亩三分地"。百度核心价值体现如下：

A. 为人们提供最便捷的信息获取方式——百度存在的根本

百度狂热地追求更好的搜索技术，追求给网民带来最好的搜索体验，追求为人们提供最便捷的信息获取方式。百度正是以"为互联中国提供及时、丰富的信息，为网友提供最好的上网体验，改变人们的生活方式"为使命的。

B. 永远保持创业激情——百度的创业文化基础

百度勤俭的创业作风倡导，每个百度人能够最大效用地利用资源，任何事情都专注于目标和结果，而非奢华的形式。

百度力求保持这种简洁的公司文化，无论如何发展壮大，都会以恒久的激情保持创业时期的那种没有繁文缛节的条文约定、扁平的组织结构、以结果为导向的高效决策方式。

C. 每一天都在进步——百度的品质文化基础

百度公司及员工具有不断追求进步与发展的优秀品质，不断地总结过去，永无止境地提升追求。学习是提升自我价值的根本途径，百度人都以对自我负责的学习态度，面对瞬息万变的竞争挑战。

D. 容忍失败，鼓励创新——百度的创新文化基础

百度人具有积极的创新心态，他们乐于创新，敢于创新。

诚然，尝试中的失败是有责任的，但对于创新过程中的挫折和风险，百度人能够从失败中归纳总结经验，从中吸取教训，百折不挠地不断尝试和探索；这也正是基于百度公司能够以包容的态度给予尝试者改进的机会。

E. 充分信任，平等交流——百度的沟通文化基础

百度的沟通方式永远都是开放的、直接的和有效的，会有务实的和坦诚的一致行动。

○小米公司文化成型与影响

任何成功的品牌，本质上都是为用户创造一种可供用户消费和追随的文化，形成具象的准信仰，这是一个互相成就的过程，而不是传统意义上的商品交易过程。所有的交易思维，卖家都会想方设法从用户身上获取价值，所以同样是电商，每个从业者都需要制造信息不对称并大量购买流量变现。而小米却无须购买流量，甚至通过产品销售向微博、天猫、微信等巨型平台输出流量，这就是用户的力量！

不管小米卖手机，卖米兔，卖路由器，还是卖电视，对用户来说，大家消费的是小米，是自己所追随的梦想精神，而这些产品只是一个载体而已。这是一个很惊人的商业模式，小米的用户甚至不会和你比价，已经不在同一

个维度上，完全没有可比之处！

简言之，小米真正的终极形态是一个文化公司，而不是一个品牌公司、产品公司或营销公司。如果只是考虑如何卖产品，如何做营销，而漠视消费情绪管理，漠视用户价值，最终将一无所得。小米的企业文化主要体现在以下几个方面：

A. 企业创始人高度的影响力与背景

"小米"的面世，证明雷军以独特的战略眼光找到了产业中"有台风口的地方"，然后"做了一头会借力的猪"，成果即是冲天而飞。不过，成功的商品不一定催生成功的公司，"粉丝经济"时代，工匠和企业家的差异不只在战略层面，也同样体现在战术运用上，比如，雷军一向善于借势"牛人效应"。

小米手机发布会上，雷军的"标配服装"、"大屏幕"和"乔范儿动作"，无一不让我们感受他在"仿照"乔布斯。"我用过70多部手机，一部姓名也想不起，即便你念到博士也想不起那些数字和符号的长串组合，但为何你能记住苹果？因为苹果只要1234，它做到了一年推出一个款，乃至一度只要一个色彩，这即是简单和专注。""我要学苹果。"这些话清楚明了，雷军是乔布斯的粉丝，他要成为"乔布斯那样的英豪"。

B. 卓越的优秀团队，非一般可以比拟

小米的成功离不开团队的合作，不可否认，小米团队是最强悍的！

a）雷军。

雷军从2006年开始对移动互联网公司投资，第一家是乐讯；2007年，雷军又投资了UCWEB和一系列公司。2007年1月，苹果公司发布了iPhone一代；2007年6月，产品正式上市，雷军第一时间买来使用。雷军怕自己的体验不具代表性，他干脆买了20部，送给了20个朋友。3个月后，雷军发现，只有他和另外一个朋友在用。到了2009年底，雷军觉得他已经快40岁

了，想干点事情，因此开始认真考虑如何把手机做出来的问题。

b）林斌。

谷歌中国工程研究院副院长，工程总监，Google 全球技术总监。全权负责谷歌在中国的移动搜索与服务的团队组建和工程研发工作。早些时候，林斌是微软工程院的工程总监，是当今软件产品和互联网产品技术领域数一数二的人物。

c）黎万强。

黎万强 2000 年大学毕业就加盟了金山软件。历任金山软件的人机交互设计总监、设计中心总监和金山词霸事业部总经理。和雷军共事 10 多年，他们的私交非常好。

d）黄江吉。

黄江吉不到 30 岁，就已经成为微软工程院的首席工程师。但是，已经在微软工作 13 年的他，面临一个选择，是创业，还是留在微软继续干？留在微软，是留在中国，还是去美国？林斌曾经是黄江吉在微软的同事，林斌了解到黄江吉所面临的情况后，把他介绍给了雷军。

e）洪锋。

洪锋在上小学的时候就开始学习计算机，编写程序以解决实际问题。洪锋最令人惊奇的经历就是他在 Google 用 20% 的业余时间，和几个人一起做了 Google3D 街景的原型。洪锋在美国 Google 的时候，是高级工程师。后来，在中国谷歌，又是第一产品经理。他所主持开发的谷歌音乐，是中国谷歌为数不多的饱受赞誉的产品。

f）刘德。

洪锋的太太认识刘德的太太，洪锋认识雷军之后，就想到了刘德，这个 Art Center（艺术中心设计学院）毕业的牛人。当时，刘德在美国过着安逸的中产生活。洪锋故作神秘地跟刘德说："来和几个朋友聊聊天。" 2010 年 5

月，回北京办事的刘德，抽空来到了当时在北京北四环边上银谷中心大厦的小米公司。见到了雷军、黎万强、林斌和黄江吉，大家从下午4点一直聊到12点。第二次来北京时，刘德主动给雷军打了电话，双方再次沟通，最终，小米选择了刘德，刘德选择了小米！

g) 周光平。

周光平从1995年开始在摩托罗拉工作，是位资深工程师。一天，周博士到雷军的办公室聊天，按照计划，他们准备聊两个小时。谁料，两个人见面后居然都感觉相见恨晚，一发不可收拾。雷军和周光平，就在银谷中心小米的办公室里，从中午12点一直聊到晚上12点，从互联网聊到硬件设计，从用户体验聊到手机发展趋势……过了几天，雷军正在外地出差，林斌打电话来："周博士同意了！"

至此，雷军的小米创始人"拼图"，终于完成了。

不可否认，小米的创业团队是很"牛"的！正因如此，其产品才会发挥出"牛"的效应！

C. 行业杀入的恰当时间与引发的消费痛点

在日常生活中，小米发现用户痛点，能快速解决用户问题。一个很多人都会遇到的场景，当你玩游戏的时候，突然来了电话，你会手忙脚乱，极度不爽。为了解决这个问题，小米推出了智能通知。不是打断当前操作，弹出整个来电页面，而是在顶部出现提示信息。

D. 起步的高起点，与可以经受的等待

小米的人才不是培养出来的，而是选出来的。小米虽然是一家创业公司，但是，即使是创办初期也是人才济济，绝对是含着金钥匙出生的高起点。

小米的客服部门主管，做了十几年的客户服务工作，经验非常丰富。小米的业务飞速发展，用户数量迅速爆发，客服工作也随之迅速"压力山大"。

客服主管第一次来向雷军汇报工作计划时，抱进来厚厚一沓的纸，然后

根据这些数据和对小米的业务增长预期，做出了多达好几十页客服的未来改进计划。最后，雷军说："客户服务这件事情，你是专业的，我是业余的。你搞这么多图表和计划，我看不懂。能不能不要这么多 KPI 数据？我只给你一个指标：怎么让你的小伙伴发自内心地热爱客户服务工作？"

○摩托罗拉与诺基亚文化对比

A. 摩托罗拉

摩托罗拉于 1928 年由 33 岁的伊利诺伊州本地人保罗·加尔文创立，当时名为 Galvin Manufacturing Corporation。两年后，该公司迎来首个重大技术突破：找到了消除来自引擎盖下面的静电干扰的办法，商业化了全球首个大众市场汽车收音机。

保罗和兄弟乔营造了一种驱使人们不断去发明、不断从失败中学习再去发明的氛围。摩托罗拉以冒险文化、培训研发的投入以及强调员工之间相互尊重而闻名。保罗·加尔文被誉为 20 世纪美国最伟大的实业家之一。1959 ~ 1990 年（他卸任董事长的那一年），摩托罗拉年营收从 2.9 亿美元飙涨至近 110 亿美元，成为美国最大的 50 家企业之一。

上市后，摩托罗拉仍像是一家家族企业。1956 年，保罗决定卸任，让 34 岁的儿子罗伯特接过权柄。父亲在国内建立起了业务，而儿子则寻求国际扩张。

保罗·加尔文和他的继承者坚信，竞争带来卓越。克里斯·加尔文解释道，由于摩托罗拉当时并没什么外部竞争，"我们必须倡导内部竞争"。例如，领导层一直都通过奖励表现最好的部门以促使各个部门展开竞争。这种内部竞争使得两项互补型业务在保罗·加尔文时代及以后蒸蒸日上。

在克里斯离开摩托罗拉 3 个月后，该公司的业绩开始强势反弹。Razr 相当热销，入市前两年销量达到 5000 万部。截至 2004 年底，摩托罗拉市值达

420 亿美元。

艾德·桑德尔作出了大企业 CEO 有史以来最糟糕的决策之一：与苹果 CEO 乔布斯达成了一项合作。摩托罗拉和苹果合作推出了一款摩托罗拉 iTunes 手机——首款连接苹果音乐商店的手机。两年后，乔布斯发布了第一代 iPhone，当时摩托罗拉仍在力推 Razr，结果利润率不断下降。受大规模裁员的影响，摩托罗拉的创新机器停滞不前。

桑德尔的拙劣表现将摩托罗拉推向了众多曾辉煌一时的美国企业都遭遇过的境地：华尔街入侵。而摩托罗拉遭遇的是曾被《财富》称作"世界上最精明的投资者"的卡尔·伊坎的入侵。摩托罗拉手机业务是一项非常困难的业务，公共安全业务估值被大大低估，伊坎在 2007 年开始买入摩托罗拉股票。最终，持有超过该公司 6% 的股份，并成功争得董事席位。

作为曾经的手机行业霸主，摩托罗拉 2002 年被诺基亚夺去了全球市场份额老大的地位，从此走上了下坡路。虽然其间也有过几次的反复，但一直都无法将这种颓势扭转，最后于 2011 年卖给了谷歌。在谷歌榨取完其专利价值之后，又将这个品牌甩手"当"给了中国联想集团。分析摩托罗拉的失败，无非是以下几个原因：

a）对他人不好。

摩托罗拉虽然给员工提供了非常好的福利，但对外部的经销商却不好，对传播的媒体简直可以用苛刻来形容，还经常忽悠消费者。虽然很多的分销商当年就是凭借摩托罗拉产品完成了第一桶金的积累，可是在摩托罗拉困难的时候，都没有出手帮它。

b）没有优势。

摩托罗拉入华前十年，一直都以技术领先者的姿态示人。可是，2003 年以后，随着诺基亚的崛起，摩托罗拉的优势技术对用户的影响力越来越小，领先地位逐渐丧失，市场地位迅速下滑。

c）判断有误。

其实，摩托罗拉的技术一直都很先进，可是拥有这么厉害的技术储备为什么最后还是一败涂地？归纳起来就是，企业的发展方向有误，决策层没有预料到智能手机的崛起，不明白整体生态链的布局该如何操作。

B. 诺基亚

2013 年 9 月 3 日，当微软正式宣告收购诺基亚手机业务时，诺基亚从一个昔日霸主彻底变成了江湖游侠。有人说是诺基亚的傲慢毁掉了自己，有人说是诺基亚的保守封杀了自己，有人说是糟糕的团队作践了自己……说到底，是诺基亚的企业文化阉割了自己！

诺基亚虽然以"科技改变生活"为自己的核心理念，但剥开观察，包括创新意识、营销理念和组织行为等在内的亚文化，与诺基亚的主文化存在着明显的脱节。

a）有能力无胆识。

诺基亚缺的不是创新能力，而是创新文化。有能力、无胆识是诺基亚创新文化的硬伤。

在苹果推出 iPhone 手机 7 年多之前，诺基亚团队就曾展示过一款彩色触摸屏手机，那款手机上只有一个按键，能随时搜索地理地标位置、能在移动中玩竞技游戏，用户可以实现掌中购物等。其实，这个不为人所知的消息，最早是由诺基亚的一位名叫诺沃的首席设计师说出来的。

在 20 世纪 90 年代末，诺基亚秘密开发了一款迷人的设备：一款无线连接，并带有触摸屏的平板电脑——该设备具备了今天热销的苹果 iPad 平板电脑所有功能。

1996 年，诺基亚就推出了公司的第一款智能手机——诺基亚 9000。诺基亚当时曾表示，这是全球第一款能够收发电子邮件、发传真和上网的移动设备。可是，这款手机当时只是吸引了一定数量的商务用户，没有受到普通大众的追捧，诺基亚感到底气不足，不敢向前再迈一步，再加上时任首席执行官奥利拉于 2006 年卸任，"临门一脚"的机会就此失去。

b）只想当绅士。

沉闷的、内敛的创新文化，抑制的不仅是研发，还有市场营销。

一说诺基亚，就很容易让人将它与后来居上的苹果做对比，苹果给人感觉更"炫"、更娱乐、更时尚，它的出挑和欢快，就像曾经风靡全美的"披头士"，相比之下的诺基亚，更像是一个西装革履的传统绅士，务实工作、值得信赖，因此诺基亚在过去 20 年间成为最成功的手机品牌，也正因为如此，诺基亚很珍惜自己的绅士形象。

诺基亚在形象上的诉求，不仅与"科技改变生活"的核心理念错位，也给了消费者完全不同于新秀苹果及三星的印象。但正是诺基亚这种倔强的市场偏好，让自己陷入了困境。

c）组织决策低效。

在庞大的诺基亚帝国，比动作更慢的是思维，比思维更慢的是意识。这种官僚的、老迈的管理体制，体现出的执行文化就是低效、迟缓。

2008 年诺基亚高管承认，苹果灵活的操作系统已成为自己的最大挑战。当时，诺基亚的一个团队曾试图修改 Symbian（塞班系统），另外一个团队最终则开发出了新操作系统 MeeGo（米果）。可是，他们把大量的时间都投入到政治中，而不是设计中。

2010 年，加拿大人埃洛普成为诺基亚首位非本土 CEO。在出任诺基亚 CEO 后不久，埃洛普便下令废除了诺基亚自主开发的智能手机操作系统。但结果，销售状况并不好。2012 年 6 月中旬，诺基亚被迫对外宣布，将裁员万人，削减开支 17 亿美元。

○苹果公司文化成型与影响

乔布斯将他的旧式战略真正贯彻于新的数字世界之中，采用的是高度聚焦的产品战略、严格的过程控制、突破式的创新和持续的市场营销。

重回苹果后，乔布斯采取的第一步骤就是削减苹果的产品线，把正在开发的 15 种产品缩减到 4 种，而且裁掉一部分人员，节省了营运费用。之后，苹果远离那些用低端产品满足市场份额的要求，也不向公司不能占据领导地位的临近市场扩张。

A. 拯救苹果

苹果公司的乔布斯真正的秘密武器是他具有一种敏锐的感觉和能力。

1997 年 7 月某个工作日的早晨，因连续 5 个季度亏损，时任苹果公司 CEO 的吉尔·阿米利奥向公司高管做最后告别，几分钟后，穿着短裤、运动鞋，蓄短胡须的史蒂夫·乔布斯走进来。1997 年，乔布斯重新掌管苹果。10 年后，苹果的股票每股从 7 美元飙升至 74 美元，市场价值 620 亿美元。

B. 偏执创新

所有这些成绩的取得就在于，乔布斯将他的旧式战略真正贯彻于新的数字世界之中，采用的是高度聚焦的产品战略、严格的过程控制、突破式的创新和持续的市场营销。

随着个人电脑业务的严峻形势，乔布斯毅然决定将苹果从单一的电脑硬件厂商向数字音乐领域多元化出击，于 2001 年推出了个人数字音乐播放器 iPod。截至 2005 年下半年，苹果公司已经销售出去 2200 万枚 iPod 数字音乐播放器。

每当有重要产品即将宣告完成时，苹果都会退回最本源的思考，并要求将产品推倒重来。

C. 个人文化

在人才的使用上，乔布斯也极力强调"精"和"简"。他相信，由顶尖人才组成的一个小团队能够运转巨大的轮盘，因此他花费大量精力和时间打电话，寻找优秀人员，以及他认为对于苹果各个职位最适合的人选。

2000 年，苹果出现了一段停滞期，乔布斯喊出了"Think Different"（另类思考）的广告语，他希望用广告让消费者重新认识苹果，唤醒公司内员工的工作激情。

乔布斯每场讲演都需要几个星期的预先准备和上百人的协同工作，经过精确的细节控制和若干次秘密彩排之后，他就会以激情四射的演讲者面目出现在现场。

在这种个人化文化的指引下，乔布斯以用户个人化引导产品和服务，以员工个人化塑造公司文化和创新能力，以自身个人化获得一种自由和惬意的人生。

D. 机遇挑战

正当乔布斯带领苹果的版图越做越大时，波士顿咨询公司的 James Andrew 提出质疑："如果苹果的产品真的比微软、戴尔、IBM、惠普的好，那么为什么苹果公司这么小？"Andrew 认为，在苹果的创新和文化中存在一种偏见，即单纯对技术革新的绝对信奉。

业界的一些评论家开始提出这样的疑问：iPod 贡献了苹果的绝大部分利润，很难想象，如果没有 iPod，苹果会陷入怎样的麻烦？质疑归质疑，但随着乔布斯与迪士尼的联盟，他染指到了媒体内容的生产和发行业务，逐步实现了他在数码时代跨领域集成的远大目标。

E. 企业文化

a）专注设计。

首先，每个员工都必须牢记苹果比其他任何一家公司都更加注重产品的设计。苹果是真正地在做设计——了解消费者的需求，懂得如何满足消费者的需求，然后着手实现这些目标。虽然实现起来并不总是很容易，但苹果每次都能恰到好处地完成。

b）信任乔布斯。

苹果是一家非常有意思的公司，它的企业文化从员工一直延伸到了消费者。这也就是说，它对员工的期望也是它对消费者的期望。其中，最重要的一点期望就是——相信乔布斯。

乔布斯一直是苹果的救星。他曾带领苹果走出老化的商业模式并进行革新，从而创造了前所未有的成就，并向市场推出了许多更好的产品。

c）从头开始。

当员工初到苹果时，公司就希望他们立即做一件事：忘掉曾经了解的技术。苹果公司所做的事情与其他公司都不一样。无论是产品的设计、新产品的设计理念，还是公司独具的简单运营方式，只要是在苹果，所有事情就会不同。把在其他公司的工作习惯带到苹果来，可能会造成更多的麻烦，苹果是不同寻常的。

d）坚信苹果。

不同于行业里的其他任何公司，苹果公司非常自负。其中的部分原因是乔布斯非常自我，他相信苹果是世界上最强的公司，有不同于其他公司的做事方式。虽然苹果的仇敌无法忍受这一点，可是对所有该公司的粉丝和员工来说，这一信条已经成为了一种号召力。

e）聆听批评。

由于自负的本性，苹果会用心聆听人们对自己的产品的批评。但在真正的苹果时尚里，公司会选择更加恶毒的行为回应这些批评，这一点是行业里其他所有公司都不能企及的。苹果不喜欢听到别人指责自己是错误的，并希望不管是自己的员工，还是外界的追捧者都能跟自己坚定地站在一起。

f）永不服输。

苹果最具魅力的一点就是它永不服输。即使产品被批评得体无完肤，苹果似乎也能在危急时刻找到脱离火海的方法。在做出有争议（和风险）的决策后，乔布斯会凭借正确的策略扭转局面，使公司获得收益。

g）关注细节。

苹果的经营之道，是关注细节意味着长远回报。例如，谷歌的 Android 操作系统，可能卖得很好，但使用了一段时间后，大多数消费者会发现，Android 还缺乏一些闪光点。在大多数情况下，苹果多努力了一点，但正是这一点努力使得苹果成为了最大的赢家。

h）不可替代。

如果佩珀马斯特的离职暗示了苹果内部是如何运作的，那么只有乔布斯是不可替代的人物。乔布斯认为，自己才是苹果成功的关键！苹果公司证明，只有乔布斯才不会丢掉饭碗。

i）保密至高无上。

不同于行业里的其他许多公司，苹果在即将推出新产品时很少会泄密。那些泄露公司秘密的员工，哪怕是无意间，也会被炒掉。

j）主导市场。

在涉及技术时，史蒂夫·乔布斯脑海中只有一个目标，那就是"主导市场"。他所想的不只是击败市场上的所有公司，而是要彻底摧毁它们。乔布斯想向世界表明，只有他的公司才是最强的。乔布斯就是想向所有竞争者、消费者和所有人证明这一点！

k）发扬特色。

苹果素以消费市场作为目标，所以乔布斯要使苹果成为电脑界的索尼。1998 年 6 月上市的 iMac 拥有半透明的、果冻般圆润的蓝色机身，迅速成为一种时尚象征。在之后 3 年内，它一共售出了 500 万台。如果摆脱掉外形设计的魅力，这款利润率达到 23% 的产品的所有配置都与此前一代苹果电脑如出一辙。

l）开拓销售渠道。

让美国领先的技术产品与服务零售商和经销商之一的 COmp USA 成为苹果在美国全国的专卖商，使 Mac 机销量大增。

第5章 资本运作篇

　　资本是一种手段，不是目的。不要有急功近利的思想，更不要希望能通过在资本整合的过程当中谋取一种不对称的利益或者是短期的利益。

——华立集团董事局主席汪力成

1. 什么是资本运作

　　或许很多人以前都听到过这样的论调，尤其是地下"传销"依然比较发达的省市。

　　所谓资本运作就是，资本通过一系列方式进行企业运作、商业方面的运作。可是，有一些聪颖之人，将其稍加改造，利用人进行传销。这一点就是因为这些人的坏作用导致现在很多人一听资本运作，就以为是传销的缘故。

　　典型的资本运作有哪些方式？收购、兼并、企业重组等，下面我们就对其进行具体说明。

○企业收购

　　所谓收购是指，公司通过产权交易取得其他公司一定程度的控制权，实现一定的经济目标。收购是企业资本经营的一种形式，既有经济意义，又有法律意义。

2009 年 12 月，按照计划，大众公司以 39 亿欧元的价格收购了保时捷核心运动车业务 49.9% 的股份；保时捷公司的合并，在 2011 年完成。

其实，在此之前的 11 月，大众和保时捷的监理会就批准决定两家公司合并细节的合同，为两家公司的联姻铺平了道路。这次批准为两家公司最近几年激烈的权力争斗画上句号。

○企业兼并

所谓企业兼并，是指两个或两个以上的企业根据契约关系进行产权合并，实现生产要素的优化组合。企业兼并是具有法人资格的经济组织，通过以现金方式购买被兼并企业或以承担被兼并企业的全部债权债务等为前提，取得被兼并企业全部产权，剥夺被兼并企业的法人资格；其核心问题是确定产权价格，这是转移被兼并企业产权的法律依据。

2011 年 7 月 29 日，海尔集团公司宣布意向收购日本三洋电机株式会社（下称"三洋电机"）在日本和东南亚地区洗衣机、冰箱等电器业务。收购的业务主要在东亚和东南亚地区，主要涉及日本、印度尼西亚、越南、菲律宾和马来西亚。

这场收购，对海尔而言意义重大。海尔收购的是一个体系，有技术，有工厂，有团队，有市场。海尔始终保持全球第一的领先者地位，并取得规模效益，从量变发生很多质变。这为海尔大举进军日本和东南亚市场起到了一定的铺垫作用。

○企业重组

企业重组是指对企业的资金、资产、劳动力、技术、管理等要素进行重新配置，构建新的生产经营模式，使企业在变化中保持竞争优势的过程。

企业重组贯穿于企业发展的每一个阶段，是针对企业产权关系和其他债务、资产、管理结构所展开的企业的改组、整顿与整合的过程，可以从整体上和战略上改善企业经营管理状况，强化企业在市场上的竞争能力，推进企业创新。

2003 年 7 月，中国民航总局对外正式宣布，以中国国际航空公司、中国南方航空公司、中国东方航空公司三大骨干航空公司为母体，组建三大航空集团的重组计划。1 个月后，南方航空公司与中原航空公司正式签订价值 15 亿元的联合重组协议。这是民航总局宣布组建三大航空集团之后的首宗并购事件，同时也是国家骨干航空公司与地方航空公司的首次联姻。

2. 资源整合的方式

○业务外包

业务外包，也称资源外包、资源外置，是指企业整合外部最优秀的专业化资源，降低成本、提高效率、充分发挥自身核心竞争力、增强企业对环境的迅速应变能力。

企业为了获得比单纯利用内部资源更多的竞争优势，将其非核心业务交由合作企业完成。实施业务外包，可以将非核心业务转移出去，借助外部资源的优势弥补和改善自己的弱势，从而把主要精力放在企业的核心业务上。

如今，提起运动鞋就势必会提到耐克，多年来，耐克鞋在全球范围内畅销不衰。可是，耐克公司从一家小作坊成长为国际性的大企业却经历了很多的磨难。1998 年，凭借 914 亿美元的销售额迈入世界五百强，至此耐克公司成为一家傲视群雄的世界级企业。

有一则家喻户晓的耐克神话：在美国俄勒冈州的比弗顿市，四层楼高的耐克总部里看不见一双鞋。那么，全球畅销的耐克鞋是怎样生产出来的？答案就是生产外包。

耐克公司自己不设厂，不仅所有的产品都是外包给其他生产厂家制造，甚至连公司设计的样品都是由中国台湾试制的。

耐克向外部借力，通过整合外部资源，为其所用，从而扩展自己的疆域；利用外部的能力和优势弥补自身的不足。这样，耐克公司节省了大量的生产基建资产、设备购置费用和人工费用，利用全球最廉价的劳动力为其制造产品。这是耐克之所以能够以较低的成本和其他品牌竞争的重要原因，也为其全球化战略起到了积极的作用。

耐克的经理人经常在全球物色优秀的接包商，往往是一个合作协议刚刚签订，其经理人员便夹着皮包赶往另一个国家或城市寻找成本更低、质量更可靠、交货更及时的接包商。在过去的多年里，耐克至少中断了与 20 多个厂商的合作关系，新开辟了 30 多家合作伙伴。

耐克公司虽然没有工人、没有厂房，可是为公司制造产品的工人和厂房却遍及全球。耐克公司的高级职员只需要坐飞机来往于世界各地，把公司设计好的样品与图纸送到已经与公司签订合约的厂家，最后验收产品，贴上"耐克"的标签就可以了。

从 20 世纪 70 年代开始，耐克便把制造环节外包给很多亚洲国家。外包使耐克获得了廉价的劳动力，从供应商那里拿到了大量的折扣。此外，外包能够使顾客更快地从市场获得最新的产品，减少资本投入的风险。

过去，身在中国香港的耐克员工只能通过两种方法得到最新的鞋类产品设计图样：或者每隔三四周乘飞机经过 15 小时的旅程到公司的总部，或者等待从总部那边飞来的人将图纸带过来，其间的等待是很漫长的。现在，耐克公司的全球产品信息网络能使身处世界各地的员工得到各种各样的关于耐克公司鞋类产品的信息。

耐克公司之所以能够以生产外包的方式取得巨大成功是因为其牢牢把握住了这条"微笑曲线"的两个价值制高点：上游的研发设计与下游的营销。

在研发方面，耐克公司通过持续大规模的投入和研发流程的精细化，保持着在运动服装领域世界领先的地位。

在营销方面，耐克始终注重品牌的强化与控制。耐克的主要顾客群是年轻一代，对于年轻人来说最大的价值是自我实现的价值，耐克通过强烈的心理暗示、树立意见领袖帮助消费者，尤其是年轻一代，获得了张扬自我个性的机会，这为耐克带来了庞大的忠诚消费群体。

○联合开发

所谓联合开发是指，为了实现各自的战略目标，公司与其合作伙伴采取联合的方式，共同参与市场竞争的一种战略取向。这种战略形势可以使他们相互协作，优势互补，能够解决由于资源和能力不足所产生的很多问题。

2012 年，宝马和丰田加深了合作，在"共同开发氢燃料电池驱动系统"、"共同开发运动车型"、"电能驱动技术领域的合作"和"共同研究开发轻量化技术"4 个领域构建长期战略合作关系。

宝马联合丰田研发混合动力技术将有助于其在新能源领域提高竞争力。虽然从 2002 年开始，宝马集团就将高效动力战略定为长期发展战略的主要内容，但来自竞争对手的压力，让其不得不缩短技术研发的时间。

在与丰田合作后，宝马与丰田将共同研发新一代电池技术，并搭载于宝马电动车品牌 i 系列车型中。对于丰田来讲，由于丰田在柴油引擎上的短板，让丰田在全球吃亏不小，而发动机技术向来是宝马的强项，根据签署的发动机供应协议，由宝马向 2014 年在欧洲推出的丰田车型提供 1.6 升和 2.0 升的柴油发动机。这样，丰田将实现对更小排量发动机的应用。

无独有偶！

2014 年 3 月，东风汽车集团股份有限公司（以下简称东风集团）与标致雪铁龙集团签订《关于增资入股的总协议》，东风集团与法国政府和标致家族并列成为标致雪铁龙集团的第一大股东；同时，为了深化在工业和商业领域的全球合作，双方还签订了《全球战略联盟合作协议》。

在之后的一年里，东风集团与标致雪铁龙集团一起坚守"共赢、公平、创新"的合作原则，积极落实各项协议，深入推进协同项目，推动全球战略联盟，取得了巨大的成就。

标致雪铁龙集团 2014 年年报显示，2014 年标致雪铁龙集团运营自由现金流达 22 亿欧元，集团净负债归零；年度营业收入达 536 亿欧元；经常性营业利润为 9.05 亿欧元；整车部门经常性营业利润为 6300 万欧元。标致雪铁龙集团重新加入巴黎 CAC40 指数（法国重要的股价指数）行列。

2014 年，东风汽车公司销售汽车 380.25 万辆，同比增长 7.57%，销量规模稳居行业第二位，增速高于行业。实现销售收入 4829 亿元，同比增长 9.7%。销售收入、利润和上缴税费增长均快于销量增长，极大地提高了经营效益和质量。

○联合促销与联合行动

联合促销是最近几年来发展起来的新的促销方式。进行联合促销时，联合促销的双方都能最大限度地暴露在目标消费者的眼球面前，最大限度发挥促销的功能，收到理想的效果。

所谓联合促销是指，两个以上的企业或品牌合作开展促销活动。这种做法的最大好处是，可以使联合体内的各成员以较少费用获得较大的促销效果。

其优点就在于门槛低、效果显著，企业只需要花很少的一笔促销费用就可以实现比单独促销更好的目标。

无论对于知名的大品牌，还是不知名的小品牌来说，联合促销都是一个非常有效而且低成本的促销模式。只要控制得法，最终联合双方都可以收到"1＋1＞2"的理想效果。因此，现阶段，在运用联合促销的企业里，既有宝洁、百威等知名的跨国公司，也有一些毫无任何知名度的小品牌。

对于那些不知名的小品牌来说，联合促销似乎有更大的、不可抗拒的吸引力！如果可以与一些知名度很高的品牌攀上"亲戚"，一起联合进行促销，借助知名度很高的大品牌的魅力，不知名的小品牌绝对可以在促销后收到一鸣惊人、意想不到的效果，甚至有可能使品牌一夜成名、顺利进入千家万户！

3. 资本扩张

○横向资本扩张

横向资本扩张是指，交易各方属于同一产业或部门，产品相同或相似，为了实现企业规模经营而进行的产权交易。采用这种方法，不仅可以减少竞争者的数量，增强企业的市场支配能力，形成竞争主体之间的共生共赢局面；还能够改善行业的结构，解决市场有限性与行业整体生产能力不断扩大的矛盾。

青岛啤酒集团（以下简称"青啤集团"）的扩张就是横向资本扩张的典型例子。

几年来，青啤集团依靠自身的品牌资本优势，先后斥资 6.6 亿元，收购资产 12.3 亿元，兼并收购了省内外 14 家啤酒企业。不仅扩大了市场规模，提高了市场占有率，壮大了青啤的实力，而且带动了一批国企脱困。

2003 年，青啤产销量达 260 万吨，跻身世界啤酒十强，利税总额也上升到全国行业首位，初步实现了做"大"、做"强"的目标。

○纵向资本扩张

处于生产经营不同阶段的企业或者不同行业部门之间，有直接投入产出关系的企业之间的交易称为纵向资本扩张。纵向资本扩张将关键性的投入产出关系纳入自身控制范围，通过对原料和销售渠道及对用户的控制来提高企业对市场的控制力。

格林柯尔集团是全球第三大无氟制冷剂供应商，处于制冷行业的上游。收购下游的冰箱企业，既有利于发挥其制冷技术优势，也能直接面对更广大的消费群体。从 2002 年开始，格林柯尔先后收购了包括科龙、美菱等冰箱巨头在内的五家企业及生产线。

通过这一系列的并购活动，格林柯尔已拥有 900 万台的冰箱产能，居世界第二、亚洲第一，具备了打造国际制冷家电航母的基础。格林柯尔集团纵向产业链的构筑，大大提高了其自身的竞争能力和抗风险能力。

在一个单一的企业内部，信息更有效率的流动会改进存货计划和生产计划；对于企业与外部关系来讲，纵向资本扩张将关键性的投入产出关系纳入自身控制范围，通过对原料和销售渠道以及对用户的控制提高企业对市场的控制能力。

对于企业来说，内部交易可以消除搜寻价格、签订合约、收取货款和做广告的成本，还可能减少交流和协调生产的成本。纵向资本扩张的原因多种多样，比如，技术限制、节省运输成本等。

4. 资本运作的误区

在前面的篇目里面，我们已经谈到了什么是资本运作，资本运作的方式与案例。可是，在实际操作中，企业主依然会存在困扰与误区。具体来说，有哪些是比较典型的误区呢？

○误区一：资本运作只是资金的运作

谈到资本运作，首先必须解释什么叫作资本。在经济学的意义上，资本指的是用于生产的基本生产要素，包括资金，但又不只是资金，企业的建筑、厂房、设施、设备、原料、材料等物质资源也是资本。从广义上讲，资本不仅是物质财富，也包括可以创造财富的无形资产，如企业文化、人际关系、社会关系等。所以，不能把资本运作仅看成是资金的运用。

资金的合理与有效利用，是资本运作的主要方式。可是，把全部现金存入银行、从来不利用贷款，或者押宝似地把大部分资金投资于一个公司或一个项目，都是不懂得资本运作的表现。真正懂得资本运作的企业家，会最大效用地利用手里的资金，会借用他人资金做好自己的事情，更懂得利用资金作为杠杆放大现有资源的价值、撬动其他资源为自己所用。

○误区二：资本运作只是纯粹的金融手段

有人认为，资本运作只是纯粹金融层面上的操作，是由一群经过专业金融训练的尖端人才进行的业务，企业家不必懂得资本运作。这也是不对的！

在企业上市、融资、并购和整合等专业资本运作手法中，确实需要金融专业人员的实际操作。如果缺乏上述专业人才，可以外包给专业人士或机构；而且，有些工作也必须交给专业机构办理，比如，审计、尽职调查、资产评估、上市承销、财务梳理、法务治理等。

可是，领导者必须懂得一些资本运作的常识，以便科学决策并防范风险。懂得越多，决策效率越高，成功的可能性越大。

资本运作是资源运作的终极方式，绝不是纯金融的运作，只不过主要表现在金融手段上而已。既然是资源的运作，领导者就必须有所知晓。

○误区三：资本运作会影响实业的发展

有一种说法，认为资本运作会影响实业发展，但实际情况正好相反，即资本运作是促进实业发展的重要手段。因此，在大力发展实业的同时，一定不要忘记资本运作。

比如，我国许多企业都有良好的沉淀资产，但却"捧着金碗要饭吃"，因为他们不知道如何利用现有资源，更谈不上资本运作，不知道如何将沉淀资产盘活、变现。其实，企业领导者只需略懂资本运作，企业的发展就会走上截然不同的良好发展道路。

1999 年，埃克森石油和美孚石油通过合并迅速做大，一举成为世界上最大的公司，连续四年名列世界五百强之首。沃尔玛原本只是一家发展缓慢的实体企业，30 年才开了 38 家店，可上市之后 10 年就开了 1160 家新店，公司连续多年蝉联世界五百强首位。

可见，资本运作手段操作得当，不仅不会阻碍实体经济的发展，反而会促进其快速发展。

○误区四：资本运作过头，实体经济滞后

有人说，我国资本运作过了头，以致虚拟经济超过实体经济，这种局面

很容易造成泡沫，会给我国经济带来巨大风险。笔者认为，这个判断是错误的！

我国的实际情况恰恰是，资本运作是经济发展的一个短板。就国家层面讲，我国并不是实体企业少了，恰恰是许多实体企业因为不懂得运作资本手段而制约了自身的发展。大量的企业缺乏资金打造自己的核心技术优势，大量的企业需要资金以进行扩张。从大的层面而言，资本运作还远远不够。

○误区五：金融危机情况下勿谈资本运作

最近，有一种声音说，金融危机下谈资本运作不合时宜。个人不是很认同这个观点！

"商圣"范蠡曾说过："夏则资皮，冬则资絺，旱则资舟，水则资车。"同样，世界首富巴菲特也曾简单把他的投资原则总结为"当别人都疯狂时要谨慎，当别人都谨慎时要疯狂"。经商乃至成就大业，须有自己独到的眼光，不能随波逐流，否则，只能永远跟在别人的屁股后面。

全球金融危机下，资本市场上大部分优质企业的价值都被严重低估，正是低价对外投资、收购兼并、业务重组的绝好时机，对于实体经济的发展大有裨益。

沃尔玛虽然选择在美国通货膨胀严重的 1972 年上市，但上市之后仅仅用了 25 年时间，公司市值就增长了 4900 倍；中国航油是在 2001 年 "9·11" 事件后不久上市的，能够促使航油集团成为世界五百强，也主要得益于资本运作。诚然，市场低迷时期，通过上市等手段筹资比较困难。可是，市场不景气时，并购资产的对价也相对便宜，更容易并购。这方面，需要根据企业和市场的具体情况去判断。

○误区六：金融乱象源于资本运作

温州和鄂尔多斯接连出现民间借贷违约潮后，不少人总结其根源时，认为源于当地资本运作过了头，这是错误的！究其根源，恰恰是资本运作不到位的表现。

实体经济的发展离不开资金的支持，温州和鄂尔多斯都是民营经济发展十分迅猛的地方，可是民营企业很难从国有金融机构取得贷款，只得转向民间借贷。但由于受全球性经济危机的影响，处于产业链中低端的中小民营企业发展雪上加霜、举步维艰，企业经营成本高，导致资金链断裂，危机随即爆发。

民间借贷规范化是对国有银行贷款的有力补充，加强对民间借贷的监管，是解决当地中小民营企业资金需求的一条重要途径。同时，通过资本运作手段，加快当地经济的转型和产业升级改造，也是当地企业未来发展的必然出路。如果成功地开展资本运作，企业不仅不会在金融危机的时候崩溃，反而更能够抵御危机、度过寒冬。

○误区七：资本运作是个潘多拉盒子

资本运作虽然具有广泛的内涵和外延，但并不是说什么内容都可以往里装。有个所谓的经济学家，在批评中国航油事件时，曾将中国航油的石油期权贸易与资本运作混为一谈。其实，前者只是纯粹的石油贸易，是以国际石油作为基础产品的一种常用交易；而资本运作并非以某种特定产品作为基础，是一种以金融为主要手段的资源整合行为。

那么，资本运作到底是什么？虽然还没有一个权威的定义，可是基于企业实务方面的理解，可以这样定义资本运作：就是企业将自己所拥有的一切有形和无形的存量资本通过流动、裂变、组合、优化或整合等各种方式进行有效运作，使其变成可以增值的活化资本，最大限度地实现资本增值的目标。

　　资本运作，不仅包括上市、投资、融资、并购、重组、变现未来价值等金融手段，还包括充分发挥资本杠杆的作用，以小博大、以弱搏强、以少胜多，实现资源的优化和资本增值。

　　我们甚至可以这样简单地归纳，资本运作是终极方式的资源运作。

第6章　企业的风险管理

企业的"成长"会涉及"风险"，"风险"虽然可以给我们带来成功，但也会带来失败。通过非商业性的经验和学习所获得宽广视野，可以协助一个人忍受压力，并且以镇静的态度去面对企业决策所造成的后果，不管是好的或是坏的。

——史蒂文·布兰德

1. 资金风险

资金是企业生存和发展的重要基础，是企业生产经营的血液，一直受到企业的高度重视。可是，在循环过程中，在各种难以预料或无法控制的因素作用下，资金的实际收益一旦小于预计收益，就会发生资金损失，造成企业运转不畅，甚至破产倒闭。对于这个问题，企业一定要重视起来。

○资金风险种类

A. 现金管理的缺失

现金流量是企业资金管理的生命，如果缺少对现金流量的认识，不讲资金预算管理，盲目采购，超定额储备，不考虑市场因素随意生产，就会使企业库存物资不断积压，资金长时间得不到周转，一些项目投产后因缺乏流动资金而无法启动生产。

管理的缺失，会直接导致企业贷款利息和管理费用支出的增加，最终影响资金使用效率和企业经济效益资金分配失衡。

B. 资金运筹不合理

很多企业只会根据国家规定对资金实行跟踪管理，缺乏对资金的管理，致使资金运筹不合理，资金流向过于分散，使用效率低下，资金被滞留在一些无足轻重的项目里，沉淀的资金往往得不到充分的利用，无法发挥其应有的作用，资金的时间效益完全丧失。

C. 资金管理意识差

有些企业资金管理意识差，管理者缺少对资金时间价值的认知，在对资金进行筹集、运用、分配时，缺乏科学性、合理性和计划性。例如，有些企业一味地追求产量和产值，对高成本的产量风险投入过多甚至不惜负债经营，使资金分配比例失衡。长期项目投资过多，会给企业资金运转带来困难，财务风险增加。

D. 企业监管不力

目前，企业之间经济纠纷不断，资金相互拖欠，其主要原因就在于，企业缺乏有效的监管机制，导致资金管理严重失控，资金流向不明，流动资金不足。

产品和服务因不符合市场需求而大量积压，没有销路、没有盈利，久而久之，企业只能利用银行贷款或拖欠货款的方式维持日常运作，这样会加大资金运作的风险。

E. 管理理念落后

世界经济全球一体化的发展及现代市场经济环境的形成，使企业面临日益复杂的生产经营活动。跨国化经营、规模化大生产要求企业具备高度集中的资金管理模式，此种模式须以大量准确的基础数据和信息作支撑。

在对这些复杂的资金流集成管理时，现代化管理理念是必不可少的。在手工统计、核算、传递生产经营过程中，各种资金信息的传统方式已显得十分落后，给企业资金全面管理带来极大不便。

F. 信息不对称

现代企业制度重视信息管理，及时掌握真实、准确的资金信息对企业资金管理尤为重要。可是，在资金管理上，很多企业存在资金信息不透明、信息不对称的问题，管理者自然无法获取完整的财务信息，由此直接影响企业领导者做出科学决策。

○防范企业资金风险

防范资金风险是一个复杂的管理工程，企业不仅要对外部环境具备良好的认知和控制，更要有较大的内控力，要尽自己所能应付可能出现的各种财务风险和经营风险。

A. 践行全新管理模式

要推行全面预算与点预算相结合的方法。所谓全面预算就是，所有以货币及其他数量形式反映出的关于企业未来一段时期内全部经营活动各项目标的行动计划和相应措施的数量说明。推行全面预算管理具体应做好 3 个方面的工作。

a）经营资金预算。

经营活动资金预算主要是对经营收入和经营支出做出的预算，其中，经营收入常见于企业进行产品、劳务交易和出租资产时取得的资金流入；经营支出是指，经营活动过程中所有的资金支出，其与经营收入之间的差额反映了企业选择投资项目时所能提供的自有资金规模。

b）投资资金预算。

企业进行长期投资时，首先要以净现值等因素判断投资项目的可行性，并按照企业年度自有资金量和较低的融资成本，计算出年度投资资金支出预算。短期投资牵涉到长期规模既定状态下的短期资产存量收益问题，即在未选定有效的长期投资计划情况下，企业要选取风险低、收益高的投资方案。

c）融资资金预算。

融资资金预算指的是，企业选定最优投资方案后，除去自有资金额，选取较低融资方案融通资金的预算。融资政策的有效性表现为，企业要从负债资本的内部期限结构角度入手，强化企业资金的管理水平。

B. 统一管理资金

从现代经济发展对企业运营的要求看，财务资金统一集中管理是一种必然。企业资金集中管理模式主要有现金集合库模式、集中监控模式和预算驱动拨款模式，不同的管理模式适用于不同的行业。在管理实践中，无论采取哪种模式，企业均应做到以下几点：

a）统一资金过程控制。

对企业资金运行全过程实行统一控制，有效提高资金使用效益。在资金目标设置上，必须将年度资金占用预算指标和经济责任制考核指标相连；在资金流转过程中，要对资金预算跟踪考核，从物资采购、存货盘点、产成品销售等各个环节入手，对资金进行过程控制和管理。

b）完善资金结算中心制度。

完善结算中心制度，将企业出入的资金置于严密监管之下，保证资金管理的集中统一，积极规避企业遭遇不必要的财务风险和经营困境。

c）信息化管理资金。

通过统一系统平台、统一信息编码，实现资金的统一管理和监督，以及财务系统和销售、生产等其他系统的信息集成及数据共享；同时，以资金管理为中心，建立企业内部信息管理系统，推进计算机网络技术在企业中的应用以及企业财务与业务的一体化发展。

C. 加强资金控制

要想防范资金风险、强化资金管理，必须建立健全企业内部控制制度。从组织形式、制度安排上保证资金内控的有效性和资金经营效率。同时，要实施动态管理，提高会计信息准确性，使资金信息更加有效地服务于资金管理体系。

a）完善内控制度体系。

一套完善的内控制度体系应包括：对资金的事前防范、事中控制和事后监督。具体来说，如表6-1所示。

表6-1　资金内控制度体系

内　容	说　明
事前防范	事前防范是指建立健全科学的财务控制体系和相应的规章制度。尤其要做到资金统一核算，财务人员集中管理，财务分析评价体系科学完善
事中控制	事中控制主要是为了确保企业资金的安全性、合法性、完整性和效益性。在具体操作过程中，要通过账实盘点控制、库存限额控制、实物隔离控制、岗位分离控制等方式，实现现金、银行存款、其他货币资金、应收和应付票据等企业资金的安全
事后监督	事后监督主要是企业内部审计监督部门，在每个会计期间或每项重大经济活动完成后，对涉及的经济活动进行审计，及时发现内控漏洞并予以调整，以更好地实施资金管理措施

b）注重产存量管理。

产存量管理目的在于加速资金周转，包括对企业存货、应收账款、固定资产等实行的管理。如表6-2所示。

表6-2 产存量管理方式

方式	说明
存货管理	确定材料储备，以合理的存货计价方法解决产品和产成品资金存量问题，尽量减少存货资金占用量
应收账款管理	及时催收应收账款，加快现金回流，减少和控制坏账比例，合理计提应收账款的坏账准备金
固定资产管理	确定固定资产需要量，对其合理配置，并以最佳的折旧方法及时处理多余固定资产

c）实施利润分配管理。

资金内部控制还须对企业利润进行合理性分配。在分配净利润时，企业应统筹兼顾，确保投资者、职工及企业自身等全面的合法权益，坚持分配与积累并重、投资与收益对等的原则。

d）重视现金管理。

控制现金流量是实施资金内控的重要手段，为了避免资金体外循环，要加强现金管理。要采取相应措施统一调配，管理现有资金，比如，严格预算管理、收支两条线、对各部门实行备用金制等。

2. 团队成员非正常流失

人力资源是企业最为重要的资源，企业之间的竞争归根结底是人才的竞争。然而，我国企业员工跳槽现象屡见不鲜，给企业所造成的损失非常严重。

员工过多流失会对企业的发展造成极大的危害，尤其是一些核心员工的流失，对企业来说，无异于雪上加霜。因此，保持一定的人力资源流动率，留住企业的优秀员工对企业来说具有重要的意义。可是，如今，"团队人员流失"问题,已经不是几年前直销刚刚进入中国时不成熟的、简单的"挖角抢线",而是掺杂了众多的原因。因此,认真剖析"团队人员流失"的原因,对于企业来说,已经显得尤为迫切。

○团队成员非正常流失的原因

根据实践和总结,团队成员流失的原因基本可以归纳为两大方面:

A. 企业方面

在企业方面,主要有以下几个因素导致员工流失:

a)没有设立健全的薪酬体系。

研究发现,由于薪酬因素而流失的员工占流失总人数的大部分。其主要表现在两个方面:

一方面,企业的薪酬与其他同类企业相比较低。如今,很多企业的员工都对自己的薪酬感到不满,当同类公司可以为其提供更高的薪酬时,员工自然会跳槽。

另一方面,企业内部不同岗位薪酬分配相对不合理。比如,许多企业薪酬制度不健全,工作了多年的老员工依然按照入职时的市场薪酬水平获得基础薪资,而新职员的薪酬却高于为公司做出卓越贡献的老员工,老员工心中不满,就会跳槽。

b)对于员工的作用与价值企业不重视。

有些企业不重视员工的作用与价值,不是大材小用,就是对员工冷漠、不重用。许多员工刚进公司时满怀信心,觉得可以大干一场,可是公司却给其安排了一些琐碎事情。在这种冷漠的环境下,员工的工作激情定然会被磨灭掉;一旦感到前途暗淡,就会跳槽走人。

c)工作环境和条件比较差。

工作环境的好坏,可以通过空间、温度、噪声、潮湿度等方面来衡量。

比如，如果硬件设施较差，缺少基本的隔音设施或空调设备等，员工就会饱受噪声与冬冷夏热的折磨。长久下去，员工必然会跳槽，去寻找环境好的工作。

d）缺乏优秀的企业文化。

企业文化具有一种凝聚力，能把各个群体和各位员工迥异的理想信念融入企业的整体信念中，形成价值观共识，加强员工的向心力，减少员工的流失。所以，如果没有好的企业文化，员工对企业的向心力就会较弱，流失率也会增加。

B. 员工方面

由于员工导致的离职有若干方面因素，主要表现为以下几个方面：

a）员工感到自我价值没有实现。

任何一个人都不想让自己"无能"，都想发挥潜力，表现自己的才能。人们普遍重视自己的发展和自我价值的实现，因此如果员工在企业里发现自己发展的空间很小，无法实现自我价值，就会见异思迁，选择离开。

b）和同事相处不融洽。

在企业内，有些员工无法处理好与领导和同事的关系，在企业内受排挤，事事不顺利。同事的排挤使其失去了对团队的归属感、对企业的向心力，也就不会留恋企业了。

c）不适应岗位的工作要求。

员工工作一段时间后发现，企业的工作并不是自己原先预想的那样，监督机制严厉、职业不稳定、经常出差……自己感到无法适应，最终就会选择离开。

○如何降低员工的流失率

要想取得不断发展，就必须建立一个稳定的团队。可是，如果员工尤其是核心员工大量流失，不仅可能造成客户资源流失、人心浮动，而且还可能泄露企业核心机密，给企业带来惨重损失。那么，企业采取什么措施才能更好地降低员工的流失率呢？

A. 不断完善招聘机制

招聘是员工进入企业的主要通道，最终目的是为了实现个人与岗位的匹配，保证企业的各部门能正常运转。其实，防止员工流失最好的方法是不招聘那些会跳槽的员工。招聘时，不仅要对应聘者的品德、知识、能力、性格、心理等方面进行全方位的考察，还要运用科学的测试方法，谨慎筛选与所需岗位匹配的员工。

B. 建立合理的薪酬体系

合理的薪酬体系不仅能激励员工努力工作，提高工作效率，还可以让员工得到一定程度的满足，为企业留住员工。在设计薪酬体系时，要遵从实现外部公平和内部公平两大原则。其中，具有外部竞争性的薪酬体系能有效防止公司员工被其他企业"挖墙脚"；要想实现内部公平，就应按照员工的实际贡献来分配相应的薪酬，将薪酬与员工的绩效挂钩。

C. 为员工进行职业生涯规划

为了留住员工，就要为员工进行职业生涯的规划。可以从两方面入手：

a）制定合理的晋升机制。设立晋升计划，对员工晋升进行公平严格的考核，可以让员工在公平的环境下看到在企业发展的空间。

b）完善培训制度。培训能够充分调动员工的积极性，使员工追求发展、实现自我价值的需要得到满足。

D. 打造亲和的文化氛围

只有营造一个"企业是我家"的软环境，才能从根本上稳定人心、留住人才。要打造亲和的文化氛围，就应充分尊重员工，体谅员工工作的辛苦，肯定员工所做出的成绩，构建良好的沟通系统，切实为员工提供必要的保障，增强员工对企业的向心力。

3. 渠道非正常流失

营销专家詹姆斯·穆尔曾经说过"现代企业的命运在客户手中，客户是企业利润的最终决定者"。对于企业来说，留住客户是取得长期利润增长的重要途径。

市场调研显示，在自然状态下，一家企业的年客户流失率为 10% ~ 25%，也就是说，如果企业不做任何开发新客户和保有老客户的工作，企业客户群将在 4 ~ 10 年内丧失殆尽。因此，客户流失对企业的影响不容忽视，领导者必须重视"如何防客户流失"的问题。

○正确界定营销渠道客户

所谓营销渠道客户是指，能够有利于创造价值流，或推动顾客价值顺利实现的所有成员或用户，既包括上游的供应商，也包括最终的消费者、顾客、企业客户，以及渠道环节中的各类经销商。

根据客户与企业关系的密切程度，可以把客户分为 5 类。如表 6 - 3 所示。

表 6 - 3　客户类别

类　别	说　明
消费者	此类客户是产品最终使用者，但不一定是购买者，他们关注产品使用价值，如品质、功能、服务等

类　别	说　明
顾　客	此类客户是产品购买者，但不一定是消费者，他们关注产品的价格（购买成本）和使用价值
企业客户	此类客户是团体购买者，购买目的主要用于企业内部生产或者福利，关注产品的品牌、使用价值、价格
中间客户	此类客户包括代理商、经销商、批发商，他们以盈利为目的，购买产品进行转售。关注产品的利润空间、品牌知名度和厂家支持
供应商	企业的供应客户

在渠道流程中，所有的渠道成员既是利益相关者，也是形成或有利于创造价值流的客户。他们共同创造顾客价值，共同构建竞争优势，从而实现企业价值的最大化。

○重视营销渠道的客户流失风险

A. 营销渠道客户流失概念

营销渠道客户流失是指，企业与分销商、供应商和顾客之间，由于利益取向不同、目标不一致或者其他因素的作用，导致整个渠道流程中的某一成员退出，或中止合作，或转向其他公司提供的产品，使价值流外溢或流动阻塞，渠道的正常功能或环节中断，给企业的经营运作造成影响。

由于市场因素的不确定性和市场增长的持续性，以及一些竞争对手的存在，为了求得更低的费用以及得到更好的服务，很多客户不断地从一个供应商转向另一个供应商，这种客户流失在许多企业中普遍存在。

客户流失导致的损失是巨大的，因为获取一个新客户要花费很多的费用，而大多数新客户产生的利润远不如那些流失的客户多。因此，留住客户，防止客户流失引发的经营危机，对于提高公司的竞争力具有战略意义。

B. 营销渠道客户流失风险定义和类型

营销渠道客户流失风险是指，由于各种原因而导致的客户中止合作的现象，即客户流失所带来的危机。

客户流失风险可以从不同的角度进行划分。从企业的角度看，可以将客户流失风险分为可处理的风险和不可处理的风险。前者主要指可以预测和控制的风险，主要是由于主动流失所造成的，包括行为风险、财产风险、信用风险及信息风险等；后者主要指无法预测和无法控制的风险，主要是由于被动流失造成的，包括自然风险、社会风险、管理风险和经济风险等。如表 6 - 4 所示。

表 6 - 4　客户流失风险

风险类型	含　义
行为风险	企业和客户在合作博弈的过程中，双方经营行为可能带来的风险
财产风险	各种物质财产的损毁、灭失或贬值的风险
信用风险	在以信用关系为纽带的交易过程中，交易一方不能履行给付承诺，给另一方造成损失的可能性
信息风险	信息虚假、信息滞后、信息不完善、信息垄断等有可能带来的损失
自然风险	由于自然因素，如洪灾、火灾、地震、传染病等引起的风险
社会风险	因个人或团体在社会上的行为，如偷盗、战争、政治动乱等引起的风险
管理风险	商品在销售过程中，因经营管理不善，或市场供求等因素引起的风险
经济风险	因经济前景的不确定性，各经济实体在从事正常的活动时，蒙受经济损失的可能性

4. 针对消费者满意度不高应采取的措施

消费者满意度不高，也是企业面临风险的一个非常核心因素！如果消费者不满意，即意味着有再多的渠道，销售结果也不见得会有多么乐观。

现在，在以消费者为主导的消费市场里，昔日商家的霸气早已荡然无存。取而代之的则是：消费者就是上帝，顾客就是总经理，各个企业现在想的是如何吸引消费者，如何让消费者购买自己的产品。这也难怪，现在谁能争取到顾客，谁能留住顾客，谁就是赢家。

为了争取顾客，留住顾客，企业可以通过各种办法实现，比如，为顾客创造一个舒适的购买环境，给顾客很大的返利空间，为顾客提供个性化服务等。但今天在这里，我们主要讨论如何才能降低消费者的不满意度。

消费者满意度，是一个相对的概念，是消费者期望值与消费者体验的匹配程度，即消费者通过对一种产品可感知的效果与其期望值相比较后得出的指数。当消费者的体验值小于他的消费期望值时，不满意度就会出现；当不满意度大于一定的值以后，消费者很可能会放弃这一产品，企业也会失去一个客户。从深层次的角度讲，一个消费者放弃，即意味着背后可能有更多人放弃。

降低消费者的不满意度，对一个企业来说，意义重大。那么，怎样才能降低消费者的不满意度？事实上，企业可以做的事情有很多。

○用心服务，争取消费者满意

当消费者的消费体验值小于他们的期望值时，就会产生不满。这也就意味着，可以通过多方的努力让消费者满意。如，商场的布局经过精心设计，要努力为消费者创造一种轻松的购物环境；在销售商品时，销售员要进行微笑服务，尊重顾客，为顾客提供实用的意见。

DHL 德国分公司，有位邮递员因为工作失误漏发了一个当天寄去美国的包裹。由于去美国的快件航班隔天才有，邮递员先随便找个理由搪塞一下客户，再等一天寄出也无可厚非。

可是，这位邮递员发现自己的错误，下班后立刻自费坐末班飞机，并且在当天把包裹送到客户指定的地点，然后第二天又坐早班机回公司上班。他个人支付了差不多 1 万美元！

客户知道真相后，到当地媒体进行宣传，此事在业界传为美谈！

可以想象，DHL 的满意度一定很高。企业要时时刻刻为消费者着想，让他们放心消费、开心消费。

○正视消费者的不满

A. 主动发现问题

很多时候，当顾客不满意的时候，他们会随口抱怨。特别是在中国这样一个维权意识不是很强的国度里，消费者或许会花更多时间在抱怨上，而不是在维权上。

遗憾的是，企业往往没有注意到这一点，等顾客返回来抱怨时才会真正注意到，但这时顾客在很大程度上已经对该企业的产品失去了信心，而且很有可能，他们在心里已经放弃了该企业的产品。所以，企业要想降低消费者的不满意度，就要主动去发现、去倾听消费者不满的心声，并且及时做出补救措施。

企业可以派一些观察员深入到产品消费第一次线观察、倾听消费者的抱怨，和消费者交流，争取消除消费者的不满；还可以定期进行调查，通过问卷或者访谈走访的形式获取消费者对该企业产品的满意程度，以便做出相应的应对措施。

B. 妥善处理顾客抱怨

当消费者前来抱怨的时候，也是问题比较严重的时候。如果处理不好，很有可能会失去客户。当然，如果处理好了，也会带来意想不到的效果。当有消费者抱怨时，企业应该特别重视，并积极采取补救措施，让消费者的不满消失。

张小姐在某商场买鞋，经过仔细挑选之后，终于选到了一双自己中意的鞋子。可是，回家后发现盒子里装的不是自己挑选的鞋子，于是非常生气地回到商场。

商场经理听到这件事情，马上给张小姐更换鞋子，并向她道歉，最后还送给她一瓶进口鞋油，最后张小姐"满载而归"。

当顾客的不满意是因为自己工作的失误造成时，企业要迅速解决顾客的问题，并提供更多的附加值，最大限度地平息顾客的不满。在这个过程中，也许企业会有所损失，但相对失去一个顾客来说，这又算什么？

○认真进行客户关系管理

管理学里有一句很经典的话：当你和消费者成为朋友时，就不用担心他不会买你的产品了。是的，当你和消费者关系很好，大家都很信任你时，在消费过程中遇到什么问题或抱怨时，他们会和你提出来，当然态度要比上面的抱怨好得多。

而且，很重要的一点是，他们会根据自己的经验提一些很实际的问题，提一些建设性意见。而这些经验对一个企业来说，无疑是一笔不小的财富。

○培养员工的"危机公关意识"

防患于未然，最好的降低顾客不满意程度的办法是让消费者不产生不满。

只有树立了全员"不满意危机公关"意识，认识到不满意处理不当可能会给企业造成的危害，工作人员才不会置顾客投诉于不理，而是以一种积极的心态去处理顾客的不满意，直至顾客满意。

企业应该时时刻刻了解企业对顾客满意度影响较大的是哪些方面，企业存在的不足是什么，应如何改进等，进而做出对策，扼杀顾客不满意的萌芽。同时，也应该设立专门的投诉部门，及时地处理消费者的抱怨。

当然，如何降低消费者的不满意度，企业可以做的还很多很多。但有一点很重要，可以做的虽然很多，最重要的是：去做！

5. 针对竞争者对手抹黑应采取的对策

互联网市场和惨烈的战争几乎一样，即使网站运营得质量超好，人气很旺，也会遭遇同行的抹黑，甚至一个非常小的缺陷经过互联网这个放大器也会让负面消息占据百度搜索结果页的大半个版面。而随着转载和用户评价的深入，再配以传说中的"水军"的引导，往往会让一个非常健康正面的网站一夜之间成为过街老鼠人人喊打。

当然，也许这仅仅是一种非常极端的表现，可是当百度搜索结果页上开始出现有关网站的负面消息时，千万不能等闲视之。那么，如何才能够消除竞争对手的恶意抹黑信息呢？笔者认为可以从下面4个方面来进行解决。

○积极应对百度下拉框的负面关键词

百度下拉框以及百度结果页下方的相关搜索页上的关键词，都是通过关键词的搜索量动态显示，因此一些竞争对手会通过恶意刷相关的负面关键词来抹黑竞争对手。比如，某个网站关键词输入之后，在下拉关键词列表中出现"骗子"字样，导致用户的信任度下降。

百度下拉关键词列表框以及相关搜索信息的关键词数量并不多，这些负面关键词信息不会很多，所以可以通过加大下拉框和相关搜索的优化力度，将那些负面关键词信息顶出去。这样，用户在搜索相应的关键词时，就不会出现负面信息了。

○让百度出面进行人工干预

如果竞争对手投入了大笔资金抹黑你，那么在互联网上往往能够有迹可循，此时就可以通过百度投诉中心进行投诉，让百度出面进行人工干预，消除恶意竞争的影响。这样，竞争对手的投资就会"打了水漂"，也会让他们长个记性，并不是你想黑就能够黑成功的。

需要注意的是，通常向百度投诉中心进行投诉并不会很快被受理，要多次更换 IP 进行投诉，甚至要积极主动地打电话到百度，让他们进行人工干预，并准备好充分的证据材料。很多负面信息的描述结果和真相相差甚远，通过大量的例证支持，百度会积极处理你的投诉资料。

○优化网站，提升正面内容的曝光度

这种方式是最为常见，也是最为有效的方式，不仅能够很好地实现负面压制，还能提升网站的排名及内容收录数量。而且，持续的优化，也会让竞争对手的抹黑行为投入更大的资金，这往往会让他们得不偿失。

○积极联系发布负面消息的网站

积极联系发布负面消息的网站，提供足够的资料让他们删除有关自己网站的负面信息，特别是已经被百度首页收录的一些负面信息，更要积极通过公关行为进行消除。

　　总之，一旦发现网站出现了负面消息，要立刻提升警觉性，一方面，要加强网站的优化工作；另一方面，要积极进行打黑行动，这样才能够有效遏制竞争对手的不法行为，从而提升自身的品牌属性。

第 7 章　实际的问题与解决

如果你的工具只有一柄铁锤，你就可能认为所有的问题都是铁钉。

——马斯乐

1. 服务型企业问题与解决

○团队执行结果不满意，怎么办

很多时候，领导者虽然给下属下达了命令，可是结果却不尽如人意。要知道，只有提高执行力，工作才会有效果；如果员工懒懒散散，工作积极性不高，不仅无法完成现在的工作，对企业未来的发展也会产生极其恶劣的影响！

A. 服务型企业团队执行力差的表现

在实际工作中，团队执行力差的表现主要有以下几点：

a）分工不明确。

有的企业没有明确的、能够落实的战略规划和策略；有些企业政策经常变，再加上信息沟通不畅，员工们感到很茫然，只好靠惯性和自己的理解去做事。因此，员工的工作和企业要求经常脱节，企业的重要工作无法执行到位。

如果部门之间的分工不明，每个部门该做的事情分不清楚，没有白纸黑字写下来，大家就会不该自己部门做的事情坚决不做，是自己部门的事情也要等等看……如此，不仅会大大降低团队的执行力，还有可能给企业造成巨大损失。

b）职责不清晰。

A公司是一个生产汽车零配件的公司。有一次，老板到外地出差，让负责人事的小李到车间查看员工的工作情况。小李意外发现，甲乙两个车间的通道里堆满了杂物和废品，于是便让车间的小王负责清理。可是，小王却说，那不是他们车间的事，不应该让他负责。小李听后很生气，就又跑到乙车间去了解情况，谁知乙车间的人却说，那堆东西几乎都是甲车间的人放的，应该由他们处理。

两边互相推诿，"垃圾事件"一拖就是3天。老板出差回来了，小李急忙将这件事反映了上去。老板也意识到了问题的严重性，于是便让人事部重新确定了员工职责范围。从那以后，再也没有出现过类似事件。

团队内部，每个人每个岗位到底该做什么事，没有定位清楚，会大大降低执行效果。每个人仅仅知道我要做哪些事，但又都是可做可不做的事情，整个团队的执行力自然会很弱。所以，要让员工清晰地了解到：我到底该做哪些事？只有这样，员工才能把他该做的工作做好。

c）考核不严格。

有一句大家都耳熟能详的话：员工不会做你希望他做的事，只会做你要检查的事！因此，如果考核不严格，也会降低执行力的实施。

具体来说，考核不严格，主要体现在以下几点：

一是没人对具体工作进行考核检查，工作只要做了即可，做得好与坏没人管。或者，有些事没有明确规定该由哪些部门去做，职责不明确，所以无法考核。

二是考核检查的方法不正确。监督检查原则混乱、自相矛盾，在考核指标内容、项目设定和权重设置等方面表现出无相关性，不科学合理，有着很强的随意性，经常体现出管理者的意志和个人好恶，任意更改，无法保证政策上的连续性。

这样，在企业中就会出现管理的"真空"或者管理重叠现象，出现事情无人负责的情形。

d）待遇不公正。

在网络上，我们经常会看到抱怨公司待遇不公的帖子——

帖子一：昨天，我的工作出现了差错，领导罚了我 100 元。我感到很不高兴，因为问题并不在我。真正作恶的那个人和我们领导关系不错，于是把责任全都推到了我的身上。我真是比窦娥都冤啊！但没有人帮我，我只能沉默，因为我不想丢掉工作！

帖子二：最近，我感到很烦心，本来这个月能够拿个大单的，可是经理却将其给了另外一个人。这个客户本来是我开拓的，我感到很不公平，但也只能按照他的意思执行。我想向上一级领导上报，可是又担心以后在一起不好相处，怕他再刁难我，我真是感到很受伤！

……

相信，在职场中，这样的例子有很多。所谓待遇不公指的是，管理者对待员工不能一碗水端平，如果经常出现这种情况，只会让团队变得一团糟。待遇不公正会犯众怒！对优秀员工，要多奖励；如果员工犯了错，要进行惩罚。应通过对能力与业绩的考核，体现出团队对业绩的重视程度、对于每个员工的重视！

B. 提高团队执行力的办法

企业想要获得长远的发展，靠的不是个人英雄主义，而是团队。团队在用战略获取胜利果实的时候，还要用执行力去打造无坚不摧的竞争力。所以，只有执行到位，才能应对多变的环境，为团队赢得先机。

为了提高团队执行力，可以从以下几方面做起：

a）合理组建一支团队。

团队是企业的支柱，要想成就企业，首先应从打造团队开始。团队中有各种不同类型的人，比如，动力型、开拓型、保守型、外向型、内向型等。而每个人又都是独特的，甚至具有他人无法替代的优势和长处。

将每个人的长处，根据工作实际合理地搭配起来，优势互补，就能发挥出最佳的整体组合效应。唯有找到最为合适的人才，才能使团队的力量发挥得更好。

b）明确共同目标。

有家公司主要为客户提供商务咨询，由于业务扩大，市场中出现了新对手，公司的业绩不断下滑。这时候，市场部的负责人便召集全体中层干部召开会议，不仅分析了目前的形势，还制定了改变现状的目标——到第二年，新客户占收入成本的比例要上升到30％！

根据这个目标，公司的不同部门都分到了相应的目标。在目标的指引下，这些部门群策群力，成功实现了各自的目标。最终，在大家的共同努力下，目标成功实现。

不可否认，市场部的管理者是明智的！众人同心，其利断金！当大家目标一致时，所有人都会为同一个目标而努力。大家步调一致，团队的执行力就会提高，企业也会不断壮大。

c）提升领导能力。

团队的领导力决定了团队的执行力；反过来，执行力又是领导力的后续，支撑着领导力继续向前。为了提高管理者的领导力，就要具备较高的"四商"、"五能"。

"四商"，即德商、智商、情商、健商。德商，指领导者道德的水平，包括尊重、容忍、诚实、正直、负责、忠心、礼貌等；智商，指领导者智力的水平，领导本身就是一种仰仗智慧的工作，需要精心思考，有智慧；情商，即领导者处理情绪和处理人际关系的能力；健商，即领导者健康水平和健康意识的高低。

"五能"指的是：科学判断的能力；按规定办事的能力；驾驭团队的能力；应急管理的能力；总揽全局的能力。

d）建立业务流程。

企业的制度流程是在不断发展过程中积累下来的宝贵财富，是无数人的经验总结，明确公司的制度流程，按照流程办事，可以使员工少走很多弯路，能用最快、最直接的方法达到最高的执行。

如果各部门都按照自己工作的职责和流程办事，团队的整体执行能力就会增强，随之而来的是企业竞争力的增强，企业发展也会越来越好。

e）严格绩效考核。

企业的战略目标以及各项管理制度的成效是通过绩效考核实现的，而不仅仅只是单纯地对员工的行为进行道德上的约束。要通过考核，通过抓事励人，不断进行员工行为和思想的纠偏，不断弱化员工不被监督时产生的惰性，真正将团队的意图贯彻下去。

实施绩效考核时要掌握以下原则。如表7-1所示。

表7-1　绩效考核原则

原　则	含　义
公开性原则	让被考评者了解考核的程序、方法和时间等，提高考核的透明度
客观性原则	以事实为依据进行评价与考核，避免主观臆断和情感因素的影响
常规性原则	将考核工作纳入日常管理，成为常规性管理工作
发展性原则	考核的目的在于促进人员和团队的发展与成长，而不是惩罚

原　则	含　义
开放沟通原则	通过考核者与被考评者的沟通，解决考评工作中存在的问题与不足
及时反馈原则	便于被考评者提高绩效，考核者及时调整考核方法

f）完善激励机制。

管理上的一切问题都可以归结为"激励"和"分配"的问题。要把竞争机制引入激励员工的方案中，提倡企业内部员工之间、部门之间的有序平等竞争以及优胜劣汰，比如，奖金、工资调整、轮岗、评选优秀、储备人才的培养等，都可以作为激励的手段使用。同时，又必须实行一定比率的淘汰制。

g）勇于开拓创新。

创新始终伴随着团队的发展历程，只要团队没有灭亡、裁撤、消失或者被吞并，变革就应该一直存在。在创新过程中，团队经常会遇到阻碍。认清阻力，认识变革中的守旧力量，是团队创新的基本前提。

创新的阻力主要有利益冲突方面的阻力和不确定性的心理阻力。这里的创新主要包括新技术应用、目标调整、制度创新、流程创新、激励机制创新等模式。如果不能接受创新思维，就会阻断团队前进的引力。

○企业规模无法扩大，怎么办

正所谓"打江山容易，守江山难"。当企业蓬勃发展时，领导者通常都会考虑这样一个问题：企业品牌如何能被更广泛的人群和市场所熟识？为了找到答案，领导者通常都会做出各方面的努力，可是能够产生成效者却寥寥。那么，如何才能扩大企业规模呢？

A. 试着展开多元化投资

要知道，一个企业的壮大，绝不是只靠着自己的主营业务发展的，需要以主营业务为主线，然后进行多种经营。在多元化投资的同时，还要实施专业化进行管理，二者兼顾并存。可是，当管理水平达不到时，最好不要做多元化投资。

B. 合理采取战略投资

采取战略性投资也是一个扩大经营的好方法。但是，需要领导者具备极强极准确的专业洞察力，能够纵观整个市场，把握市场脉搏，还要对同行业的其他企业有非常透彻的了解。它的基本模式是战略并购、产业整合和战略管理。

C. 并购扩张也是一个好方法

除以上两种方式外，现在企业常采用的是并购模式。利用并购扩张，是扩张型企业最常用的商业模式之一。

值得注意的是，现在大多数的企业虽然有并购的意识，可是其并购目的并不强，这导致并购后的整合能力更弱，如果是这样，最好要慎行。

2. 产品型企业问题与解决

○市场销量低，如何解决

对于企业管理者来讲，在完成市场布局以及市场产品的规划和渠道的整合后，管理者所要面对的一个重要问题就是——销售提升。那么，如果企业的市场销售量低，该如何解决？

A. 积极寻找市场机会

对于市场来说，市场机会是无处不在的。每个市场机会都是一次飞跃，可是只有找到和把握市场机会，才能实现销量提升。

一般来说，寻找市场机会主要需要注重以下几点：

a）寻找新的空白市场。

为了找到新的空白市场，要从下面几点做起：

一是找出没有开发的空白市场进行开发。对于一个全新的空白市场来说，只要稍微进行一下开发，都会出现销量的提升。

二是对已开发的市场，找出市场区域没有覆盖到的盲点，进行再次细致的耕作。通过对市场的精耕细作，对前期市场的盲点进行市场覆盖，找到市场新的增长点，提升市场的销量。

三是对于市场覆盖不完全或者市场没有完全渗透下去的市场，通过进行精耕细作，实现产品品相的增加、产品数量的增加、渠道的陈列和渠道终端的增加，提升销售量。

b）寻找终端渠道扩展机会。

要通过对终端渠道的了解和市场摸底，了解企业产品在整个区域市场终端渠道现有的市场结构和分布情况。同时，在维护和加强现有渠道终端基础工作的前提下，不断扩展新的终端渠道，实现销售量的提升。

c）寻找产品的市场扩展机会。

在对产品的再认识的过程中，通过对产品原有功能的挖掘、延伸或者寻找产品的特殊利益点和新的消费群体，找到新的诉求点，并针对新的市场人群进行宣传。在保持现有消费群体老客户的同时，不断扩大适用人群或者新消费群体，提升市场产品总量，实现市场销售量的提升。

B. 合理调整营销模式或方法

很多时候，市场的营销模式决定市场的覆盖面和市场后期的销售量，通过对市场营销模式的调整或改变也会带来销量的提升。

a）加强对渠道的管理。

首先，加强对渠道分销和终端覆盖面的管理，强调市场分销渠道的表现和产品市场上的覆盖面，可以通过对销售指标（如产品铺货率、渠道占有率）的确定来提升产品在市场的销量。

其次，增加渠道商或者分销渠道商，实现渠道上的突破和市场覆盖面，通常使用的方法有增加代理商的数目、增加分销商的数目等。

b）对人员的激励。

通过对基层业务人员激励来调动人员的积极性，使业务人员的工作由被动转向主动，对市场扩张由过去的"等、靠、要"转为积极地想办法想对策，激发员工的潜能，提高员工的实际行动力，变被动为主动，实现产品在各个渠道上的销售数量，提升整体产品销售数量。

C. 加强产品的推广和规划

a）通过对老产品的改造和市场推动来提升销售量。

主要的实现方式：逐渐放大老产品的促销力度，这是目前很多企业为提升市场销量采取的常用方式；提升老产品的产品价位，形成一定的利润空间，提高渠道商对老产品推广的积极性，增加产品市场铺货力度，提升老产品在市场上的销售量，进而达到整体市场产品总销量的提升。

b）通过新产品的推广来增加市场销售量。

新产品意味着新市场机会的产生，这个市场机会的产生导致新消费人群的加入，在产品选择上多了机会。有时，通过新品的推广，不仅可以激活老市场，也可以增强区域市场的整体竞争力，带动现有产品销量的提升。

D. 做好重点终端的销售

在营销界中有著名的"二八定律"，即80%的销售量来自于20%的终端销售网点。在区域市场的销售中，经常会碰到这样的情况：产品销售量的产生往往来源于20%的终端点或者渠道商，因此在市场营销工作中，管理者必须充分认识和了解这一点。

一方面，可以通过利益诱导实现产品的销售；另一方面，可以通过终端铺货，加强如配送的频率、服务质量，从而促使产品市场销量提升。

E. 做好货物计划

其实，在市场中，很多市场销量的下滑问题并不出现在产品本身或者渠道与终端上，更多的原因在于产品货物的计划不当。

一般来说，主要在于两个方面：一方面，货物计划的欠缺造成市场断货，影响市场销量；另一方面，市场货物供应出现货物新鲜度的降低，造成消费者购买意向减少，导致市场销售量下降。因此，管理者对于货物的计划和经销商的资金情况一定要很好地进行管理。

F. 做好企业资源的组合

通过对市场资源进行重新分配，将企业总体的资源集中使用在一个品类上或者几个品种上，实现一个点或者一个方面的突破；利用一个品类或者相对应的品种销量的提升，带动整体产品品系销量的提升，实现区域市场整体销量的提升。

○生产供应效率低，如何解决

如何提升企业的生产效率，增加产量？企业可以采取下列 5 项管理措施。

A. 制定完善的制度

企业必须建立完善的生产制度和生产作业标准，最重要的是作业指导书、检验指导书和设备操作指导书，以确保生产有章可循，确保每一名员工熟练掌握应有的操作技能。同时，还要让员工熟练掌握公司制度。

B. 定期反馈生产状况

把各班组每天的生产完成后的产量、质量、成本、设备运行情况等统计数据，都在第二天公布，通过这种工作结果的定期反馈机制，可以较好地调动员工的工作积极性。

很多企业都具有生产状况年报制度，其实作用不大，应该改成生产周报制度，若改成日报制度就更好了。

C. 对待员工奖罚分明

俗话说"一分耕耘，一分收获"，生产效率高的员工理应获得应有的奖励。在一些公司存在这样的现象，业绩好的员工要承担更多的工作，而业绩差的员工反而承担较少工作或较容易的工作。这种"鞭打快牛"的做法，不会调动员工积极性，只会打击优秀员工的工作积极性，鼓励惰性的产生。因此，对待员工一定要赏罚分明。

D. 积极培训，提高技能

工欲善其事，必先利其器！即使是一流的员工，面对二流的设备也是"巧妇难为无米之炊"。要对管理人员和操作员工同时进行培训，提高他们管理技能和操作技能，提升他们学技术、钻研业务的兴趣，为员工提高生产效率提供客观条件。

E. 激励员工，讲求技巧

通常的做法是，将员工的工作绩效作为激励的选择标准，但这样的衡量指标太过简单和片面。现在，很多企业开始采取包括同事评价、顾客意见等因素的多指标评价体系，客观评价员工，科学激励员工，更有利于提高员工的工作热情。

○产品库存多，如何解决

库存——无论是经销商还是品牌商都对此深恶痛绝。统计数据显示，2011 年，纺织、服装、皮毛业 84 家上市公司合计库存达 708.32 亿元，比 2010 年的 567.42 亿元增长了 25%。为去除库存，各企业都在出奇招。可是，多数处于发展阶段的国内品牌对真正有效控制库存的流程管理，仍处于探索阶段。那么，如何才能解决掉库存问题？

A. 利用网络"清理"库存

2012 年，在媒体爆出美特斯·邦威大量库存后，森马等品牌的库存也受到关注。其中，森马库存 13 亿元，较 2011 年末增加 30%。森马等快时尚品牌将网络作为消除库存的渠道之一。

之后，比较知名的服装企业如绿盒子、韩都衣舍等品牌，淘宝平台也成为其消化线下库存的合作对象。在 2014 年的淘宝"双十一"促销中，绿盒子成为首个销量突破 2500 万元的商家。这样的快速销售模式，对有库存压力的品牌商吸引力很大。

B. 批发渠道清理库存

"中国现在有 4 亿件库存衬衫。"恒源祥董事长刘瑞旗曾经表示，大量的库存造成了销售的价格劣势。

李建太是义乌一家商贸公司经理，从 2003 年开始在中国淘库存，然后把这些产品卖给美国的客户，最终送到美国的"99 美分店"进行零售。

由于产品的终端价格低，所以李建太必须找到价格低廉的中国产品，而库存货品恰好满足了美国客户对产品价廉质优的要求。

C. 重构流程降低库存

目前，能够有效控制库存成本的服装企业，只有优衣库、HM、ZARA 等国际品牌。在解密这些快时尚品牌的供应链后，国内也开始有企业在尝试重建自己的供应链。

服装品牌罗蒙的董事长盛静生实现了"零库存加盟"，为"零库存"梦想搭设了框架。罗蒙进行信息化建设的过程中，有一套系统是通过 ERP 控制的，不仅可以保障产品的出货速度，还连接着生产、终端、总部和 1000 多个经销商，便于得知库存情况；另一套系统是物联网体系，即在每一件衣服上都装有芯片，每种产品都可以随时监控其所在地，便于调拨。

在机构设置和人员安排上，罗蒙投入了巨资，比如，在总部设立 50 个人员编制的货控中心，不断更新经销商库存和产品需求的信息。在 20 个省级分公司内，还组建了分公司货控中心，保障货品的全国调拨可控性。

罗蒙最终希望形成的体系是，每一个店面的库存信息都一目了然，并以最经济高效的方式实现就近调拨。同时，每一款服装在出厂的时候，就已经被设定好流转曲线图，这件衣服在不同的时间点，将出现在哪个地点都已经被规划好。

○财务现金流不高，如何解决

要提高现金流量管理能力，应从 4 个方面入手。

A. 提高现金流量控制的意识

在企业财务管理中，现金流量管理处于核心地位，现金流量是否充足、活跃是对企业经营能力和企业价值进行评估的重要指标，是判断企业财务风险大小的重要依据。

对企业经营成果的考核，不能只以利润额度衡量，而应参考企业的现金流量状况。领导者应从企业战略的高度审视企业的现金流量管理，为保证企业现金流量管理水平的提高提供组织基础。

同时，还要鼓励各个管理层次的员工，在实际工作中推行现金流量管理方法，使经营中每项现金流入和流出都有据可循。

B. 建立现金流量管理控制系统

首先，应加强对企业现金流量的内部监督，根据自身实际情况并结合管理实践，建立分工明确的组织机构，建立严格统一的现金流量管理制度和框架体系，完善企业的现金流量管理控制系统。

其次，要将企业的现金流管理与企业的日常管理结合起来，通过现金流管理更好地实现企业的价值增长。

最后，将企业的每一项工作流程所带来的财务变化都准确及时地反映到现金流量上，通过制定定期的财务报告、预算与预算控制报告对现金管理进行及时的反馈，做出相应的调整，使企业经营管理更加高效。

C. 做好现金流量预测

所谓现金流量预测是，根据企业当前发展情况，预测企业未来现金流的流向、流量、流程、时间、结构等情况。这种方法，可以全面规划企业的现金流量管理活动，是预算管理的基础和财务规划工作的前提。

做好企业现金流量预测，可以提前分析未来企业现金赤字和现金盈余状况，为企业筹资用资做好准备。如果预测企业期末的现金流量为负值，即出现现金赤字，则表示企业现金流不足，需要筹集资金，企业可以提前做好资金筹集计划，有效降低企业的筹资成本和财务危机风险；如果预测企业期末的现金流量为正值，即企业现金盈余，则表示企业有多余的资金可以利用，企业可以为盈余现金做好投资计划，提高企业现金的使用效率。

D. 加强财会人员培训

企业应加强财会人员的培训工作，提高财务人员编制、分析现金流量报表的能力。此外，还要让财会人员具有为企业决策提供有效财务建议的能力，鼓励他们及时发现企业经营过程中存在的问题并予以反馈，使领导者及时进行企业经营管理方面的决策。

同时，管理者也要加强财务知识的培训，能看懂财务会计报表，从中获得有效的财务信息，了解企业的营运状况。

参考文献

1. 申音：《商业的常识》，山西经济出版社 2011 年版。

2. 吴静：《创业十诫》，电子工业出版社 2009 年版。

3. 陈威如、余卓轩：《席卷全球》，中信出版社 2013 年版。

4. 欧阳斌：《顶级品牌》，中国经济出版社 2014 年版。

5. ［美］艾·里斯、［美］杰克·特劳特：《定位：有史以来对美国营销影响最大的观念》，谢伟山、苑爱冬译，机械工业出版社 2013 年版。

6. ［美］本斯：《小成本做大品牌：我在宝洁、美赞臣 20 年的经验，你也能用》，谭雁、戎静译，中国电影出版社 2014 年版。

7. ［美］阿克、［中］王宁：《品牌大师：塑造成功品牌的 20 条法则》，陈倩译，中信出版社 2015 年版。

8. ［美］马丁·林斯特龙：《品牌洗脑：世界著名品牌只做不说的营销秘密》，赵萌萌译，中信出版社 2013 年版。

后　记

　　企业的系统化运作是一门学问，不当的运作方法不但无济于事，还会成为企业发展之路上的障碍。企业运作以发挥资源的最大效果为根本标准，这需要企业领导者学习本书阐释的"企业运作七大法则"，从中了解并掌握运作企业的成功策略和方法。这是我在本书完稿后所要表达的殷切希望！

　　本书在写作过程中，得到了许多专业人士的支持，尤其是得到了同行们的热情帮助。正是由于他们的答疑解惑，最终使本书得以完成。在此，对他们表示深深的感谢！